Pablo Saiz Sánchez

LA CASA INDUSTRIALIZADA
Un sueño incompleto

Pablo Saiz Sánchez
La casa industrializada, Un sueño incompleto. - 1a ed. – Diseño Editorial, 2018.
176 p.: il.; 21 × 15 cm. - (Textos de arquitectura y diseño)

ISBN 978-1-64360-004-8

1. Teoría de la Arquitectura. I. Título.
CDD 720.01

Textos de Arquitectura y Diseño

Director de la Colección:
Marcelo Camerlo, Arquitecto

Diseño de Tapa:
Liliana Foguelman

Diseño gráfico:
Cecilia Ricci

Hecho el depósito que marca la ley 11.723

I.S.B.N. 978-1-64360-004-8

Octubre de 2018

Pablo Saiz Sánchez

LA CASA INDUSTRIALIZADA
Un sueño incompleto

diseño

LA CASA INDUSTRIALIZADA

Un sueño incompleto

ÍNDICE

PRÓLOGO A ESTA EDICIÓN

Edificación modular ecoeficiente. Modulab 2007. Imagen Ojovivofoto

En el año 2007 mi hermano Francisco y yo formamos el estudio Modulab con la intención de ofrecer al mercado vivienda modular ecoeficiente. Echando la vista atrás reconozco que no sabíamos con claridad que quería decir el término, pero sí que sabíamos que buscábamos una manera más eficaz de producir vivienda unifamiliar, desde la fase de diseño a la construcción de la misma.

Como tantos otros caímos en la fascinación de las imágenes de camiones transportando módulos y grúas colocándolos en su sitio en un instante; de fábricas produciendo esos módulos en entornos controlados, etc. Sabíamos que no era una idea nueva, pero pensábamos de nuevo como tantos otros, que era una idea con futuro.

Comenzamos nuestro camino en Modulab con una gran carga de voluntad e ingenuidad, en un territorio donde otros antes que nosotros, habían transitado y fracasado en el intento. Grandes arquitectos con fuerte apoyo gubernamental, brillantes y exitosos empresarios, intentaron llevar a cabo una vivienda que aprovechase el potencial de la industria para que, de la misma manera que el automóvil, lograse ofrecer una vivienda de calidad a las sociedades industrializadas.

Si nos íbamos a adentrar en este territorio plagado de ilustres cadáveres, sería necesario saber que les sucedió, quien fracasó, quién tuvo éxito y por qué; en que contexto fueron llevados acabo esos proyectos, cuales fueron las oportunidades y las ventajas, cuales las debilidades y las barreras con las que se encontraron.

Esa investigación se plasmó en una tesis doctoral, *La Casa Industializada. Seis Propuestas para este Milenio*, leída en Enero de 2016 en la escuela Politécnica de Madrid, de la cual se extrae el material que forma este libro.

Esperando que pueda servir de guía a todo aquel que quiera adentrarse en este sueño tan cargado de futuro, aquí les dejo mi aportación.

If your contribution has been vital, there will always be somebody to pick up where you left off.

Walter Gropius.

INTRODUCCIÓN

La mayor parte de los objetos que nos rodean, desde los automóviles, pasando por la ropa o los alimentos, son realizados siguiendo procedimientos industriales, aún así, la casa individual sigue siendo un reducto de la artesanía, escapando a la producción industrial, ofreciendo a la sociedad productos de una tecnología anacrónica, con un tiempo excesivo en su elaboración, un consumo desproporcionado de recursos, una cantidad ingente de residuos, un coste descontrolado en su producción y bajas prestaciones.

Este libro va dirigido al estudio de la casa unifamiliar aislada, como cuerpo completo de investigación. La casa como producto industrial que aproveche la potencia de la tecnología existente para ofrecer a la sociedad una arquitectura acorde a su tiempo. No vamos a tratar el tema del alojamiento, o el problema de la vivienda. De la misma manera que la vivienda colectiva es la forma más eficaz y sostenible de alojar a la población, el transporte público lo es a la hora de considerar los desplazamientos, pero del mismo modo que los ingenieros investigan en como llevar a cabo automóviles más eficaces y menos contaminantes, los arquitectos nos debemos ocupar de como realizar casas del mismo modo, y poca investigación y poca tecnología se ha desarrollado en este camino en comparación a las otras industrias. La industria de la casa está a la cola de las tecnologías. Simplemente comparemos un coche, con una casa.

La idea de fabricar casas como se fabricaban automóviles se apoderó de la mente de los arquitectos desde que en 1908 Ford sacase al mercado su modelo T, el coche para las masas. Pero a pesar de la adhesión a la idea de casas producidas por la industria por parte de los principales arquitectos del movimiento moderno,[1] el sueño de la casa fabricada aún no se ha hecho una realidad extendida en nuestra sociedad salvo los casos de países como Estados Unidos, Suecia o Japón, llevadas a cabo por industrias que ofrecen vivienda, prefabricada, modular o industrializada, la mayor parte de las veces sin la participación de arquitectos.

---

[1] La lista de arquitectos que realizaron al menos un proyecto en esta línea es larga y bastante completa: Le Corbusier, Gropius, Wright, Aalto, Ginzburg, Schlinder, Neutra, Breuer, Fuller, Prouvé (aunque estos dos últimos no fuesen oficialmente arquitectos), Koenig, R, Soriano, Elwood, Utzon, R Piano, Rogers, Horden, Sota y más recientemente, Kengo Kuma, Toyo Ito, Libeskind, Ábalos y Herreros, Tham y Videgard y Ray Kapee entre otros.

Pero ¿por que no ha sido llevado a cabo este sueño de la mano de los arquitectos hasta ahora? ¿A través de que valores, estrategias o procedimientos puede la Casa Industrializada ofrecerse como una opción real dentro de las posibilidades que tenemos a la hora de hacernos nuestra casa?

La idea de producir casas a través de la industria es uno de los sueños de futuro más antiguos de la arquitectura. Un futuro que siempre parece estar a punto de llegar.

Una de las posibles causas del fallo de los arquitectos en la consecución del sueño de la Casa Industrializada pudo ser el no querer entender que ésta pertenece a un ámbito que trasciende lo que de forma académica se considera como arquitectónico, o no encontrar interés en los aspectos más allá de su propia disciplina:

> Para muchos arquitectos, la recompensa (en la realización de la Casa a través de la industria) radicaba en el reto creativo e intelectual inherente en el diseño en si mismo más que en su última realización.[2]

Para entender realmente la Casa Industrializada hay que considerarla como un producto industrial en un contexto amplio tal y como define Bender:

> Para comprender y controlar la naturaleza de nuestra industrialización es necesario considerar como parte de una única operación la producción, investigación, diseño del sistema, diseño del producto, fabricación, venta, distribución e incluso el suministro del producto acabado.[3]

En un artículo escrito en Julio de 1944 en Arts and Architecture, Charles Eames y John Entenza sugieren que cualquier arquitecto que quiera construir una casa industrializada que sea realmente exitosa, debe trabajar con un espíritu que combine diversas formas de pensamiento tanto industrial, como económico y científico.

---

[2] HERBERT. *The Dream Of The Factory Made House*. MIT press Cambridge. Massachusetts. 1984. p.6.

[3] BENDER, Richard, *Una visión de la construcción industrializada*. Barcelona. Gustavo Gili. 1976. *A crack in the rear-view window. A view of industrialized Building*. Nueva York 1973. p.139.

La mayor parte de estudios dirigidos a arquitectos sobre la Casa Industrializada sitúan a ésta en el contexto propio de la arquitectura, analizando su evolución histórica, las aportaciones de los arquitectos implicados en ella, la descripción y análisis de sus propuestas desde una perspectiva casi exclusivamente académica.[4]

El libro de Burnham Kelly *The Prefabrication of Houses* es una de las salvedades en este campo y en él se trata la casa en un aspecto global incluyendo desde los materiales empleados a la gestión de las empresas, pasando por el diseño y el marketing. Para entender realmente la Casa Industrializada, volviendo a las palabras de Bender, hay que considerarla como un producto social e industrial en esa visión global.

La historia de la casa industrializada se encuentra evidentemente ligada a la historia de la industria y a los cambios en los sistemas de producción sucedidos desde la primera revolución industrial y a los cambios operados en la sociedad desde entonces. Este libro busca situar la historia de la Casa Industrializada en esa relación con los sistemas de producción y la sociedad del momento para entender las circunstancias que determinaron los éxitos o fracasos de las diversas propuestas que se llevaron a cabo en los casi 2 siglos de historia. Y, finalmente, ser un alegato por la producción eficaz de vivienda unifamiliar, un territorio que abandonó la arquitectura a mediados del siglo XX, sabiendo, que si no lo hacemos nosotros otros vendrán y lo harán.

Esperando que el siglo XXI vea por fin cumplido el sueño de la Casa Industrializada de la mano de los arquitectos, que ofrezca a la población una casa de calidad a coste razonable como hecho extendido en nuestra sociedad.

¡Una arquitectura vendrá! (Alejandro de la Sota.)

---

[4] Herbert en *The Dream of the Factory-Made House* (1984), establece un discurso histórico en el que partiendo del origen de la Casa Industrializada narra la historia fallida de la Packaged House de Gropius y Wachsmann dejando finalmente abierta la pregunta de si realmente el sueño de la vivienda fabricada acabó en ese proyecto. Davies en *The Prefabricated Home* (2005) realiza un análisis histórico estableciendo una división entre la historia "arquitectónica" y la historia "no arquitectónica", insistiendo en los fracasos de los arquitectos y elogiando del mismo modo que Herbert el triunfo del Mobile Home como la casa del siglo, la única y verdadera experiencia exitosa de la Casa Industrializada. Pero aunque Herbert y Davies tocan de pasada las cuestiones asociadas a producción, distribución y marketing, apenas profundizan en ellos.

BREVE GLOSARIO DE TÉRMINOS. DE LA CASA PREFABRICADA A LA CASA INDUSTRIALIZADA

Creo conveniente, antes de adentrarnos en la historia de la Casa Industrializada, llevar a cabo una aclaración de términos que nos va a permitir a todos situarnos en el contexto preciso e identificar mejor la intención de esta publicación, dado que parece que distintas expresiones parecen referirse a una misma cuestión.

Casas prefabricadas, casas en serie, casas modulares, construcción off-site, casa industrializada, son los términos que usualmente se aplican a viviendas cuya producción está ligada con la búsqueda de una optimización de los procesos, haciendo mayor o menor uso de la industria.

A lo largo de su historia la casa fabricada no solo ha visto una evolución en los sistemas de producción sino también en la terminología empleada. Los nombres se cargan de connotaciones con su uso. La casa prefabricada se asocia aún hoy en día con soluciones de bajo coste y baja calidad para situaciones de emergencia. Lo que supuso una óptima solución para una situación determinada acabó estigmatizando el término:

La palabra "prefabricado" quedó indeleblemente marcada con la memoria distante de la austeridad de posguerra, cuando los servidores de la patria regresaron para empezar una vida civilizada con sus familias en casas prefabricadas erigidas en emplazamientos bombardeados.[5]

Actualmente, la reactivación del interés por la arquitectura prefabricada o industrializada, parece llevar consigo una redefinición de términos, con la intención de realizar un lavado de imagen que le alejen de un pasado de negativas percepciones.

Este breve glosario busca analizar la evolución histórica de los términos y precisar el significado de cada uno de ellos con el fin de encontrar con el mayor rigor posible el que mejor refleje la idea de casas fabricadas con la intención de ser producidas en cantidad y dirigidas a un determinado mercado.

[5] SUDJIC Deyan en ARIEFF, Allison. *Prefab.* Gibbs Smith, Publisher. Utah. 2002. p.69

Prefabricación

El término prefabricación, arquitectura prefabricada, vivienda prefabricada o casas prefabricadas, es el término histórica y popularmente utilizado para referirse a las viviendas que son producidas en taller en todos o la mayor parte de sus elementos. Aunque, como apunta Kelly,[6] es un término que se ha ido aplicando con cierta levedad a cualquier método constructivo que difiriese significativamente de los métodos tradicionales.

Con respecto a la prefabricación se entiende:

> La palabra prefabricación, etimológicamente significa *fabricar antes* y con ese criterio la Asociación Italiana de la Prefabricación la define como "la fabricación industrial fuera de la obra de partes de la construcción aptas para ser utilizadas mediante distintas acciones de montaje"[7]

Trabajar en fábrica proporciona una serie de ventajas derivadas de ser un entorno más controlable que una obra tradicional, como no depender de una climatología variable y poder disponer de una herramienta más específica y precisa. En este sentido, la prefabricación significa un camino hacia la optimización de los procesos.

La prefabricación busca simplificar el proceso constructivo realizando el máximo de tareas y elementos en taller, para ensamblarlos en el emplazamiento definitivo, buscando mejoras en el producto final y en los costes, racionalizando la producción. Aunque la prefabricación pretende utilizar lógicas de producción que mejoren los procesos, los trabajos realizados en fábrica pueden ser altamente artesanales y no hacer uso de otros elementos de la industria.

El alcance del término sería lo que etimológicamente significa: hacer antes.

[6] KELLY, Burnham. *The Prefabrication of Houses.* Cambridge, Mass Technology Press. 1951. p.3

[7] ÁGUILA, Alfonso del, *Las tecnologías de la industrialización de los edificios de vivienda.* Colegio Oficial de Arquitectos de Madrid. 1986-1992. Tomo 1. p.19

Por tanto, tomando la argumentación de del Águila[8], que a su vez la toma de Blachere,[9]no utilizaremos el término prefabricado como título por varias cuestiones: Por ser un término que se corresponde con una idea perteneciente a un pasado que se pretende superar, por referirse etimológicamente al hecho exclusivo de ser realizado por partes anteriormente en fábrica, y por existir otros términos en los cuales quedaría englobado que aluden a un grado mayor de industrialización.

Construcción modular, construcción por secciones, construcción por componentes 3d

> Un producto de arquitectura modular es cuando el producto es dividido en trozos individuales debido a producción, límites de transporte, cadena de proveedores o adaptabilidad al usuario.[10]

El término Construcción modular se utiliza fundamentalmente en el mundo anglosajón y especialmente en Estados Unidos. El uso de esta expresión es controvertido ya que el significado del término modular es utilizado generalmente para expresar un edificio realizado con medidas o elementos estándar.

En este caso módulo proviene del término *modulus* que en latín significa medida. El término módulo puede expresar desde una dimensión, a un elemento (panel) o a un volumen tridimensional que por combinación se obtiene el conjunto final.[11]

El término lo vemos en Davies:

[8] ÁGUILA, Alfonso del. Op.cit.

[9] BLACHÈRE, Gerard. *Tecnologías de la construcción industrializada*. Editorial Gustavo Gili, Barcelona. 1977.

[10] JESPER NIELSEN. Mass Customization And The Production System. En: *Three Ways Assembling a House*. 2010. p.35 y siguientes.

[11] Tomando la primera acepción de la definición del término módulo: Dimensión que convencionalmente se toma como unidad de medida, y, más en general, todo lo que sirve de norma o regla., y tomando la segunda: Pieza o conjunto unitario de piezas que se repiten en una construcción de cualquier tipo, para hacerla más fácil, regular y económica. Diccionario RAE 22a edición.

Modular: un edificio hecho de cajas del tamaño de habitaciones prefabricadas.[12]

La Arquitectura o construcción modular se basa en la división del edificio en módulos o secciones tridimensionales, que permitan su construcción en taller y su transporte al emplazamiento definitivo donde son ensamblados.[13]

Esta definición proviene de la construcción de buques, en la que se realizan secciones en taller para ser montadas en el dique seco[14]. En este caso cada sección del buque también recibe el nombre de Bloque.[15]

Otro sinónimo de construcción modular es construcción por secciones[16] utilizado por Kelly en su descripción de las viviendas del Tennessee Valley Authority.

Por otro lado tenemos Construcción por componentes 3D cuyo procedimiento consiste según Reyes JM en:

> Tratar de construir en fábrica volúmenes enteros del edificio del que luego van a formar parte totalmente acabados y equipados. De manera que la única operación que resta para la obtención del edificio una vez sacados de la fábrica es su ensamblado en obra, junto con el sellado de juntas y el añadido de algún posible complemento superficial de otra naturaleza.

Una abreviación de este término recibe el nombre de construcción 3D:

> La construcción a base de elementos tridimensionales, que otros autores denominan modulares y que optamos por llamar 3D, supo-

---

[12] DAVIES, Colin. *The Prefabricated Home*. Reaktion Books. Londres. 2005. p.134

[13] Construcción modular según Kieran y Timberlake http://www.kierantimberlake.com/posts/view/320 (26/09/2015)

[14] Construcción de un buque. www.youtube.com/watch?t=358&v=I51m3AI6hyA

[15] KIERAN Stephen y TIMBERLAKE James. *Refabricating Architecture*. Ed Mc Grahan Hill. Nueva York. 2004. p.73

[16] En ingles *Sectional houses o sectional construction*.

nen hasta una cuarta parte de las viviendas nuevas que se construyen en Suecia. Las viviendas "3D" se terminan en fábrica excepto las
cubiertas.[17]

La construcción modular o por componentes 3D trata de una forma de
arquitectura prefabricada y en ciertos casos es utilizada en las mismas
situaciones. Enfatiza el hecho de dividir el edificio en módulos, constructiva y compositivamente. El término define *un modo* de trabajar por
componentes 3D con lo que no puede resultar genérico para expresar
el campo completo de la investigación, ya que deja fuera de él otras
prácticas como el ensamblaje de componentes de dos dimensiones,
por ejemplo.

Construcción *off site*

Como arquitectura o construcción off-site, se define un proceso constructivo en el que un edificio se construye en un lugar distinto al del
emplazamiento definitivo. La construcción off-site es pues un sinónimo de prefabricación. Su traducción literal es: construcción fuera del
lugar, y sería lo opuesto a construcción in-situ.

El proceso de construcción off-site consiste en la construcción, en
un taller, de un edificio por partes, en dos o tres dimensiones. Estas
partes son transportadas al emplazamiento definitivo donde son
ensambladas y acabadas en sus últimas necesidades. La construcción
off-site al igual que la prefabricación, no implica necesariamente el
uso de todos los potenciales de la industria y puede ser igualmente un
proceso altamente artesanal.

Podemos considerar la expresión off-site como un anglicismo o como
una actualización de los términos prefabricación y modular pero con la
siguiente matización: el término off-site se utiliza para definir un

---

[17] SALAS, Julian y OTEIZA, Ignacio. Estrategias divergentes de industrialización abierta
para una edificación pretenciosamente sostenibles. En: *Industrialización II*. Informes de la
construcción vol 61 n 513 enero-marzo 2009. p.11-31.

proceso, un forma de construir, más que un producto. Es decir se habla de construcción off-site, pero no de vivienda off-site, mientras que los términos modular y prefabricada se aplica como adjetivo de vivienda y como adjetivo de los procesos.

Industrialización

El término industrialización podría entenderse de nuevo como una renovación o actualización del término prefabricado:

> Antes se hablaba de prefabricar pero no parece hoy un término correcto. Industrializar la construcción es un concepto más amplio que engloba desde pequeños componentes a grandes piezas de fachada.[18]

La industrialización incluye a la prefabricación pero es necesario entender que aporta en cuanto a los procesos para hacerla diferir de ella.

> Industrialización: Proceso productivo que de forma racional y automatizada, emplea materiales, medios de transporte y técnicas mecanizadas en serie para obtener una mayor productividad.[19]

En esta definición se alude a una cuestión fundamental que es el aumento de la productividad, aumento que debería devengar en una reducción de los costes con el fin de crear un producto de mercado. No se utilizan los sistemas para una única operación sino están dirigidas a la producción de lo múltiple.[20]

---

[18] PEREZ-ARROYO, Salvador. Industrializar. En *Industrialización II*. Informes de la construcción vol 61 n 513 enero-marzo 2009. p.7

[19] SALAS y OTEIZA. op.cit.

[20] Aunque este múltiple pueda ser diverso como veremos más adelante en el capítulo de reproductividad.

La palabra "industrialización" fue el caballo de batalla de las nuevas ideas e "industrializar" significaba aplicar a la arquitectura los métodos de las fábricas, de la cadena de montaje y de la producción en serie, con el objetivo de lograr soluciones generalizadas, económicas, eficientes y de mayor calidad que los sistemas tradicionales.[21]

La industrialización se apoya en las principales estrategias de la industria para mejorar la productividad, no solo se trata de construir en fábrica sino de construir en términos de eficacia. Al término industrialización se le añaden aspectos referentes a la logística global del proceso, incluyendo la parte empresarial:

La industrialización de la edificación, es la búsqueda de las condiciones óptimas para la ejecución de los trabajos de construcción, adaptadas a las concepciones económicas modernas y al progreso técnico mediante una preparación minuciosa y metódica del trabajo. Ello implica, en verdad, el empleo, en todas las fases de ejecución, de medios y aparatos mecánicos adaptados para la preparación, la fabricación, la conservación y la puesta en obra de los materiales, pero impone también la organización científica de la obra y más generalmente, de una forma imperiosa, la organización racional de todas las funciones, cualesquiera que sean que formen parte de la acción de edificar: programa, estudio, ejecución, contabilización, facturación, explotación y cualquiera que sea el promotor: contratista, técnicos de todas las disciplinas, empresarios y aún el jefe de obra. [22]

La arquitectura industrializada no es solo una cuestión de producción sino que lo es de concepción global en la que todo lo que participa de la ejecución de un producto, o en el caso de la cita, de una obra, se realiza desde una concepción propia de los procesos industriales y no desde la construcción de arquitectura.

La casa producida por la industria significa para Herbert:

[21] AZPILICUETA, E y ARAUJO, R *El mito industrial*. Industrialización. *Tectónica*, num 38. Julio. 2012.

[22] CAMILLE BONNOME y LOUISE LEONARD citado por BERNARD, Paul . *La construcción por componentes compatibles*. Editores técnicos asociados. Barcelona. 1983.

Durante setenta años o más, de manera intensiva (...) arquitectos, ingenieros, productores, diseñadores industriales, constructoras, empresarios y promotores, inversores privados y agencias gubernamentales han
estado involucrados en una investigación continua entorno a una vivienda, barata, durable y atractiva capaz de ser producida industrialmente.[23]

Esta cita de Herbert incide de forma interesante en los procesos industriales como medio para definir y realizar un producto, la vivienda como
producto industrial que es dirigido a un determinado mercado. No es
simplemente una forma de construir, es una cuestión holística que
atañe tanto al diseño como a la producción y a la venta de un producto.

Se había partido, muy anteriormente, de una mecanización de operaciones, liberando al hombre de las tareas ingratas. Se siguió por una
racionalización de todo el proceso industrial. No solo la simple organización del taller. Hay que llevarla a la gestión empresarial, nuevas técnicas estadísticas, a la informática, al márketing, al estudio de stocks...
Industrialización=Mecanización+Racionalización+Automatización.

Se entenderá que la mecanización es la mayor posible, la racionalización es de todo el proceso (proyecto, gestión y tecnologías) y la
automatización está presente al máximo en todas las tareas, y todo
ello con el fin de hacer un mayor número de edificios, más baratos y
de mayor calidad.[24]

Mientras la prefabricación busca hacer efectivo un proceso de construcción, en la industrialización esta eficacia va dirigida a la creación
de un producto de mercado, un producto industrial. Es decir, podemos
diseñar una casa y fabricarla en taller para después llevarla por partes
a su emplazamiento definitivo, se trataría de una casa prefabricada,
pero no de una casa industrializada. En la casa industrializada, el diseño está realizado de antemano, y en todas las fases se pone el empeño
y recursos necesarios para que la producción se realice de manera eficaz. No es solo fabricar casas como se fabrican automóviles, es pensar
casas de la misma manera que se piensan automóviles.

[23] HERBERT, Gilbert. op.cit p.4
[24] Del ÁGUILA, Alfonso. op.cit p.19

La prefabricación pertenece al ámbito exclusivo de la construcción mientras que la industrialización pertenece al ámbito de los productos industriales, incluyendo en esta categoría a los productos de consumo. La industrialización permitió el acceso a productos de calidad y precio adecuado en todos los sectores, salvo en la arquitectura si consideramos la casa como producto completo, independientemente de aires acondicionados, carpinterías con vidrio aislante etc.

Con la necesidad de redefinir los términos y de aportar un nuevo enfoque a las tradicionales casas prefabricadas, es necesario entenderlas dentro de un ecosistema industrial que, nos permita mirar más allá de la mera eficacia del proceso constructivo, del único hecho de construir antes o de la única acción de dividir la casa en módulos para ser transportada en camiones y ser montada de manera espectacular con grúas.

> Se entiende la industrialización "como una organización que aplica los mejores métodos y tecnologías al proceso integral de la demanda, diseño, fabricación y construcción"[25] constituyendo un estado de desarrollo de la producción que lleva consigo una mentalidad nueva, diferente.[26]

Es fundamental para entender la adopción del término industrializado, que este no responde a un lavado de marca, sino a una nueva mentalidad, una nueva forma de pensar, en la que no solo se tienen en cuenta los hechos productivos que se relacionan con Prefabricación, sino además la demanda, el diseño, las logísticas de flujo de suministros, la inversión en marketing etc. es un hecho que tiene que ver con la mentalidad de crear productos de mercado, productos de consumo no con la finalidad perversa de la máxima rentabilidad sino como única vía posible para obtener una vivienda de calidad acorde a su época. El coche es el elemento tecnológico que es, por la producción y por el consumo. Es tal y como define Juan Herreros:

> Uno de los intereses de este texto es la forma en que reconoce y hace justicia a la casa en serie de verdad, aquella que tuvo que volverse anónima para triunfar en un mercado que ya buscaba la homogenización, no con el único objetivo del abaratamiento sino del paralelo aumento

---

[25] Definición del RIBA.
[26] Del ÁGUILA, Alfonso. op.cit. p.19

de calidad gracias a la repetición. Este fenómeno, que preferimos lla-
mar industrialización a prefabricación, permitió incorporar a las viviendas modestas, ( ) los avances de un mercado de consumo superando
con creces la calidad ofrecida por otros programas en los que la repetición se tradujo en minimización, empobrecimiento y renuncias sucesi-
vas hasta lograr viviendas al alcance de cualquiera.[27]

La Casa industrializada

Esta publicación trata de un tema muy concreto, que es la casa como
producto industrial, aquella que buscó no solo fabricar casas como
se fabricaban automóviles, si no de comercializarlas del mismo modo.
Esta cuestión no entraña solo una forma de construir sino que implica una mentalidad global relacionada con el diseño, la fabricación, la
logística e incluso la comercialización del producto acabado. Es entender la casa como un producto industrial más, al mismo nivel que los
productos de consumo. La elección del término Casa industrializada,
por tanto, viene dada porque la industrialización implica una estrategia
global del proceso productivo, la aplicación de técnicas y tecnologías
propias de la industria que tienen como objetivo mejorar la calidad de
los productos optimizando sus costes, para crear un producto dirigible
a un determinado mercado.

Se ha optado pues, por la utilización del término Casa Industrializada
por ser el término más amplio y que engloba a todos los anteriores. No
solo es prefabricada, modular u off site, sino que además implica el
paso de la producción artesana a un sistema de producción optimizado
a través del empleo de máquinas y la organización del trabajo.

La Casa Industrializada no solo se entiende como una vivienda producida en una fábrica, debe comprender un proceso global que atañe al
diseño, fabricación mediante el potencial de la máquina y la organización óptima del trabajo, distribución y venta.

---

[27] HERREROS, Juan. *L.A 1945*. Prólogo a ESGUEVILLAS Daniel *La Casa Californiana. Experiencias domésticas de posguerra*. Nobuko. Buenos Aires. 2014. p.14

La casa Industrializada es un producto orientado al mercado, no solamente está pensada para ser producida en serie sino para ser consumida en serie, permitiendo de esta manera el acceso a la mayor parte de la población a productos de calidad, convirtiéndose así en un producto industrial más, dirigido de esta manera un mercado en el que operan estrategias más amplias que las de fabricar antes y el montaje. La vivienda convertida en un objeto de consumo de masas. Y en esta línea es en la que se enclava la investigación.

La obra de arte en la era de su reproductividad técnica[28]

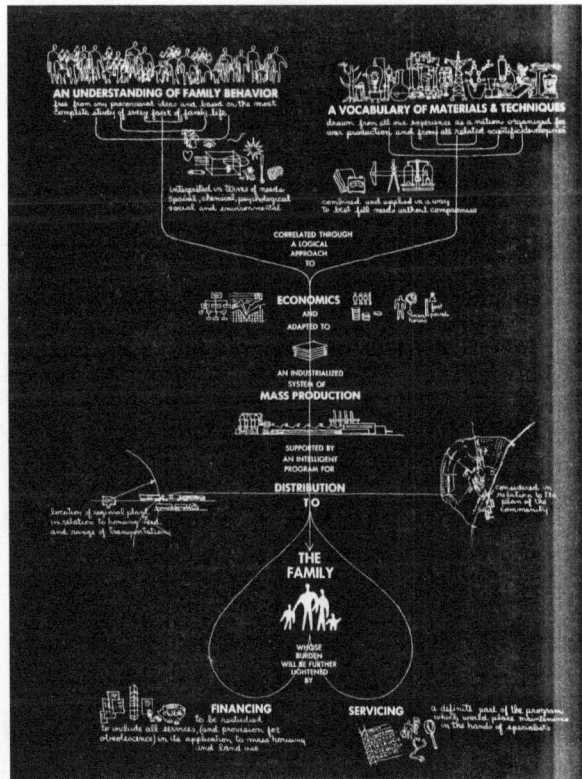

La casa Industrializada según Charles Eames. Una definición clara y precisa.

[28] BENJAMIN, Walter. La obra de arte en la época de su reproductibidad técnica. En: *Sobre la fotografia.* Ed pre-textos. Valencia España. 2004

HISTORIA

ANTES DE FORD

S.XV-XVII | Prehistoria de la casa industrializada

Tomando el ejemplo de Aldous Huxley en *Un mundo feliz*, situaremos el año cero de la Casa Industrializada con el inicio de la industrialización moderna y el nacimiento del Ford T, pero existe una historia de la industrialización de la casa antes de Ford, lo que sería, coincidiendo con Herbert,[1] la prehistoria de la Casa Industrializada.

La Casa Industrializada apareció incluso antes de que nadie la hubiese soñado. En 1662 el príncipe Toshitada acaba el Palacio Katsura iniciado por su padre Toshihito en las afueras de Kioto, una de las obras cumbres de la arquitectura tradicional japonesa, donde sencillos y leves paneles de papel y madera encierran la vida de recreo del emperador y sus acompañantes. En él podemos encontrar el antecedente preindustrial de la Casa Industrializada.

En el siglo XV, la casa tradicional japonesa comienza su camino a la utilización de un sistema modular de construcción que implica la prefabricación y estandarización de piezas:

El cambio de las esteras *okitatami* que eran colocadas aquí y allá en la habitación a los tatamis que cubrian por completo el suelo de la habitación originó en el siglo XV las casas de samurais del estilo shoin.[2]

Los tatamis se convierten en un elemento estandarizado para todas las viviendas en una proporción dos a uno, de aproximadamente 180x90 cm. que aunque varían en función de la región, se mantienen más o menos estables en un ámbito productivo determinado. Su

[1] HERBERT, Gilbert. *The Dream Of The Factory Made House.* MIT press Cambridge Massachusetts. 1984. p.10

[2] UEDA, Atsushi. *The inner harmony of the Japanese house.* Kondansha International Ltd. Japón. 1990. p.80

Interior del palacio Katsura. Fotgrafía Yasuhiro
Ishimoto. La levedad llevada a su máxima expresión,
estandarización, prefabricación y ensamblaje de
componentes en seco. La Casa Industrializada
antes de la aparición de la industria.

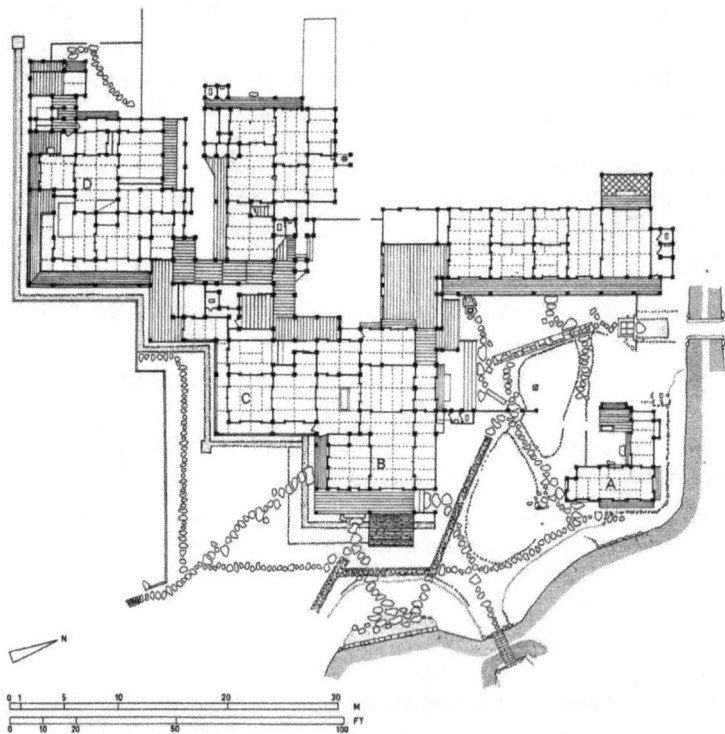

Distribución del palacio Katsura. Construcción modular.

número determina el tamaño de las habitaciones, la dimensión de los pilares y la distancia entre estos.[3]

La casa se basa en un sistema modular de composición a partir de una unidad base de medida denominada Ken, mediante la cual se dimensionan los tatamis que forman el suelo y los paneles "fusuma" de los cerramientos; los "shojis", o paneles traslucidos y el resto de elementos de la vivienda.

Esto permite la racionalización en la producción de la casa en la que los distintos elementos o, más apropiadamente, componentes, pueden fabricarse de antemano independientemente de su ubicación final en la que son ensamblados. Desde mediados del siglo XVIII las secciones de madera comienzan a ser estandarizadas, los tatamis y shojis son producidos en gran cantidad por talleres especializados[4]. La casa japonesa posee por tanto la mayor parte de las características de la Casa Industrializada que veremos más adelante; producción por componentes, construcción en seco, estandarización, prefabricación y coordinación dimensional. Podría considerarse una casa industrializada si no fuese por que la industria, tal y como lo conocemos hoy en día, no apareciese después tras la invención por Watt de la máquina de vapor.

S.XVIII-XIX | Primera Revolución Industrial

A partir de la segunda mitad del siglo XVIII, un cúmulo de circunstancias, invenciones e innovaciones interrelacionadas entre sí, propician lo que se conoce como la primera revolución industrial[5] que permitirá el paso de una economía basada en la agricultura y la producción doméstica, rural y artesana, a una economía basada en la producción manufacturera industrial, y metropolitana.

---

[3] UEDA, Atsushi. op.cit. p.78
[4] DAVIES, C. *The Prefabricated Home*. Reaktion Books. Londres. 2005. p.198
[5] DEANE, P *La primera revolución industrial*. Ediciones Península. Barcelona. 1965. p.97

Las revoluciones en la agricultura[6] y el comercio permiten una acumulación de capital que busca nuevos terrenos de rentabilidad en la industria atraídos por las innovaciones que se están sucediendo. El cambio del uso del carbón vegetal por el carbón mineral, junto con la mejora de los sistemas de transporte, permite la deslocalización de las industrias, antes obligadas a situarse junto a los lugares de obtención de energía: bosques o saltos de agua. Las industrias comienzan a concentrarse en las ciudades donde encuentran buenos medios para la distribución de sus productos además de mano de obra barata y abundante.

El uso del carbón mineral, unido a las mejoras en la obtención del hierro y sus derivados, propicia el desarrollo de una nueva industria siderúrgica con productos de mayor calidad a menor coste. El uso del hierro permite construir máquinas de mayor durabilidad y eficacia que las antiguas construidas en madera. En todos los sectores se consigue progresivamente una continua mejora de los procesos que redunda en la obtención de productos de mejor calidad a menor precio aumentando al mismo tiempo los beneficios de las empresas que son reinvertidos en la mejora de la producción. A la progresiva sucesión de innovaciones se une la existencia de una abundante mano de obra proveniente del campo, resultado de un aumento significativo de la población.

En 1774 James Watt construye su primera máquina de vapor perfeccionando la máquina que anteriormente había desarrollado Newcomen. Dos años después, en 1776 se publica La Riqueza de las Naciones, de Adam Smith, cuyo primer capítulo: *De la división del trabajo*, supone uno de los primeros estudios científicos sobre el aumento de la productividad a través de la organización de un trabajo concreto, en tareas específicas, por ejemplo, la producción de alfileres: un hombre estira el alambre, otro lo afila etc.

La aplicación de la fuerza de la máquina de vapor y la división del trabajo a la producción de bienes mediante máquinas, supone el paso de la

[6] En 1740 se inventa el arado triangular que permite realizar el mismo trabajo con menor recursos humanos y animales. Se procede al cercado de tierras (enclosures) y a la explotación en manos privadas de terrenos comunales y baldíos, lo que incentiva una mayor inversión en la agricultura y ganadería. La agricultura se profesionaliza, se reduce al mínimo la agricultura de subsistencia, las familias sin tierra y sin trabajo se ven obligadas a trasladarse a las ciudades en busca de trabajo en las nuevas industrias que se están creando.

producción artesanal a la producción industrializada. Hasta entonces los productos eran elaborados mediante la utilización de herramientas[7] manejadas por artesanos que habían aprendido el oficio a través de años de formación. La máquina, consistente en la unión de motores a herramientas básicas, aumenta la productividad de forma espectacular. La producción industrial se separa radicalmente de la artesanal. Los productos pueden ser elaborados por mano de obra con muy baja o nula cualificación, simples operarios de máquinas que son las que realizan la labor fundamental. La unión entre la división del trabajo y la potencia de la máquina multiplicó la producción de bienes de consumo de manera espectacular, reduciendo los costes y permitiendo el acceso a productos de calidad a un cada vez mayor número de personas.

Los procedimientos industriales, en un principio aplicados a la industria textil, se extienden a todas las industrias productivas. La revolución en los medios de transporte, con el invento de la locomotora y la hélice utilizada en a los barcos de vapor, facilita la expansión de la revolución industrial de Inglaterra al continente europeo y a Estados Unidos; ampliando los mercados y las áreas de influencia.

En la primera mitad del siglo XIX el tamaño de las empresas aumenta, así como el de las entidades financieras. Los nuevos desarrollos de la industria ya no pueden ser financiados por la aportación de capital familiar o de pequeñas asociaciones sino que requieren de fuerte implicación financiera.[8]

Durante el siglo XIX la industria de la construcción experimenta una progresiva industrialización. Aparecen nuevos materiales como el asbestos, planchas de linóleo y se hace asequible el uso del aluminio; se patentan las planchas de acero corrugado uno de los grandes avances en la historia de la construcción, se mejora el uso del acero laminado y del vidrio en cantidades y formatos cada vez mayores.

---

[7] "La distinción esencial entre una máquina y una herramienta reside en el grado de independencia, en el manejo de la habilidad y de la fuerza motriz del operador: La herramienta se presta por si misma a la manipulación, la máquina a la acción automática". En: MUMFORD, Lewis *Técnica y civilización.* Alianza Editorial. Barcelona 1992 p.1 capítulo 1.

[8] DEANE, P. op.cit. p.79.

Máquina de vapor. James Watt

Unión de máquina y herramienta (sierras)
para la producción de tabla de madera.

La primera revolución industrial estuvo ligada al desarrollo de la industria siderúrgica, vital para la construcción de las nuevas máquinas
demandadas por los sistemas de producción y por los nuevos sistemas de transporte, en concreto el ferrocarril.

La sustitución del carbón vegetal por coque -carbón mineral- que tuvo
su inició por el año 1747 fue clave para el desarrollo de la industria del
hierro. En torno a 1750 el uso de este carbón mineral permite convertir
el hierro en bruto en una calidad de material apto para la forja. La producción de hierro en masa es entonces posible, y este adelanto, desde
la producción manual del metal, va a cambiar la faz de todo el mundo,[9]

[9] GIEDION, Sigfried. *Espacio, Tiempo y Arquitectura.* Científico-Médica. Barcelona 1961 p.171.

proporcionando el material con el que realizar las estructuras ligeras para la industria.

Las piezas de hierro pueden obtenerse de dos maneras: por fundición o mediante forjado. En el primero de los casos, el hierro se vierte en moldes y permite producir piezas con buena resistencia a compresión, pero no tanta a flexión. Las fundiciones comienzan a ofrecer catálogos de componentes, pilares de hierro fundido, cerchas, barandillas y escaleras entre ellos, para la construcción. El método de forja permite la obtención de un material más dúctil, capaz de ser estirado, doblado y torsionado, es decir, lo convierte en un material plástico especialmente apto para trabajos decorativos.

Las primeras aplicaciones del hierro fundido en la construcción en forma de pilares y componentes aún resultaban pesadas para una manipulación ágil destinada a vivienda individual. Una de las primeras casas prefabricadas en hierro pudo ser la realizada para el vigilante de Tipton Green en Inglaterra, cuyas muros estaban realizados en paneles de hierro fundido atornillados unos a otros, pintados al exterior y enyesados al interior.[10]

Los primeros pilares de hierro fundido comienzan a utilizarse en 1780 sustituyendo a los pilares de madera. La Hilandería de Philip and Lee construida en Salford (Manchester) en 1801 supone la primera aparición de vigas de perfil en I.[11] En estos casos es esencial el ahorro de espacio para la ubicación de maquinaria y telares. Los pilares metálicos ocupan menos que las pilastras de ladrillo y resisten más peso que los pies derechos de madera.

Las innovaciones aplicadas a la producción de hierro y acero permitieron la aparición de productos de mayor calidad a menores precios. En 1836, El químico francés Stanislas Sorel patenta un método de recubrimiento del hierro con zinc obteniendo el acero galvanizado, un metal anticorrosivo y ligero.

Pero las carencias del hierro frente a esfuerzos de tensión y flexión demanda un nuevo material que trabaje eficazmente bajo tales cir-

[10] GIEDION, S. op.cit. p.124-127.
[11] GIEDION, S. op.cit. p.196.

cunstancias. El acero se conocía desde hacía tiempo pero era caro de producir lo que limitaba su uso a elementos muy específicos y con baja demanda de material, cuchillas de afeitar, espadas etc.

Abraham Darby, en la primera mitad del siglo XVIII comienza a hacer experimentos con los altos hornos en la producción de acero utilizando de nuevo coque en lugar de carbón vegetal.[12]

En 1856 Henry Bessemer descubre, casi por casualidad, un sistema para la producción industrial de acero. El sistema consiste básicamente en inyectar aire a lingotes de hierro fundido. De esta manera el acero pudo fabricarse de manera y en cantidades industriales. En 1882 el acero manganeso marca el comienzo del acero de aleación.

En 1884 Thomas Edington and Sons, en Glasgow, patenta las planchas de acero corrugado, un sistema ligero, impermeable, durable y económico, que se convertirá en uno de los materiales fetiche en la primera construcción en las colonias y que aún tiene su uso en las construcciones agrícolas e industriales alrededor del mundo.

En 1886, el francés Paul Héroult y el norteamericano Charles Martin Hall patentan de forma independiente y con poca diferencia de fechas un proceso de extracción, conocido hoy como proceso Hall-Héroult, que abarata radicalmente la producción del aluminio, pasando de ser un metal precioso, más caro que la plata, a ser un material de uso común. El aluminio, tercer material más abundante en la corteza terrestre comenzará a utilizarse de forma industrial a partir de 1900.

Es el hierro el que encumbra al Crystal Palace de Joseph Paxton[13] en 1850 como espacio revolucionario, el cual fue descrito por Ludwig Hilberseimer´s en su ensayo de 1929 *glasarchitektur* como "a room of shadowless light"[14] un espacio de luz sin sombras, o de manera más sugerente, un espacio de levedad sin sombras. Esta revolución no es solo una cuestión estética sino fundamentalmente de los procesos productivos y de montaje. En el Crystal Palace se utiliza un sistema de

---

[12] GIEDION, Sigfried. op.cit. p.171.

[13] BRYSON, Bill. *En Casa. Una breve historia de la vida privada*. RBA Libros. Barcelona 2011.

[14] RILEY T. Ed. *Light Construction*. The Museum of Modern Art, New York. 1995. p.10.

construcción mediante componentes, estructuras de hierro fundido y elementos de cerramiento y cubierta que junto a una optimización de la puesta en obra permitió la construcción de los casi 70.000 metros cuadrados de superficie, 293.655 paneles de cristal y 33.000 armazones de hierro en solo 35 semanas.[15]

La construcción utiliza herramientas y técnicas de la revolución industrial, la prefabricación,[16] es decir la fabricación de edificios mediante componentes realizados en talleres para ser ensamblados finalmente en su emplazamiento definitivo. Esta industria de la prefabricación se desarrolla desde un comienzo modesto a una industria de proporciones considerables con un amplio espectro de productos: hospitales, colegios, almacenes, mercados, iglesias, y vivienda.[17]

Los edificios no solo son producidos en talleres lejos de su ubicación final, sino que se patentan soluciones destinadas a ser producidas de manera seriada. Este paso de edificios concebidos como piezas únicas a edificios pensados para ser producidos de manera múltiple supone uno de los puntos de inflexión más fascinantes de la evolución arquitectónica[18], la arquitectura comienza a ser pensada como un elemento seriable, reproducible en masa por la industria.

La Casa Industrializada surge en este contexto al calor del espíritu inventivo de la época, a la fiebre por la patente desatada con la revolución industrial.

En cada sector hay momentos que pronostican los progresos del futuro con extraordinaria agudeza (...) el decenio de 1860 en América fue uno de ellos. Un fervor colectivo por el invento parece correr a través de este periodo. En el siglo XVII, el afán inventivo era posesión de un grupo limitado de eruditos.(...) Hasta finales del XVIII la actividad inventora, al menos tal y como se encuentra registrada en los archi-

[15] GIEDION, S. op.cit. 259-260.

[16] Aunque el término prefabricación no sería utilizado hasta los años 30 del siglo XX.

[17] HERBERT, Gilbert. op.cit. p.11

[18] BERGDOLL, B. Home delivery: Viscidities of a Modernist dream from taylorized serial production to digital customization. En Home delivery MoMa. Museum of Modern Art. Ed Birkhäuser. Nueva York. 2008. p.14

vos de patentes británicas, no pasó de ser una insignificancia. Hacia mediados del XIX ganó el apoyo de las masas, y tal vez en ningún otro lugar como en norteamérica del 1860. La invención pasó a formar parte del curso normal de las cosas.[19]

S.XIX | Vivienda para colonos

Las nuevas líneas de transporte, tanto por mar como por tierra, gracias al barco a vapor y las locomotoras, permiten mover los productos industriales de un lado al otro del planeta en volumen considerable, desplazando grandes masas en corto espacio de tiempo. Los productos pueden fabricarse prácticamente en cualquier lugar y enviarse a cualquier lugar siempre que estén conectados por las líneas de comunicación. La Casa Industrializada será uno de los productos que se beneficiará de esta oportunidad y comenzará a recorrer el globo a través de estos medios.

Al concepto de multiplicidad, de la serie se le une pronto la idea de portabilidad. La necesidad de vivienda para los emigrantes a las colonias de ultramar, estimula la creación de viviendas portátiles. En Cape Cod aún se mantienen en pie alguna de las primeras casas que los colonos del Mayflower trajeron consigo desde Inglaterra en el año 1620.

En 1833, John Manning fabrica en Inglaterra una vivienda portátil para su hijo que emigra a Australia. La vivienda, que recibe el nombre de John Manning Portable Cottage, sirve como prototipo para una de las primeras empresas de venta por correo de vivienda. En 1837 publica un anuncio en el South Australian Record,[20] vendiendo una casa desmontable destinada a las colonias, enviada por mar, que puede ser montada en unas pocas horas. El kit incluye ventanas, puertas acristaladas ya pintadas y el pequeño material para el montaje, todo enviado en paque-

[19] GIEDION, Sigfried. La mecanización toma el mando. Gustavo Gili. Barcelona.1978. p.55

[20] COBBERS Arnt, JAHN Oliver. GÖSSEL Peter (Editor) *Prefab Houses.* Taschen. Colonia. 2010. p.30

te plano mucho antes de IKEA. El producto resulta de gran éxito. Consiste en una estructura de viga y pilar con pilares de madera cada 90 cm preparados para recibir una serie de paneles de cerramiento, ciegos, con puerta, o con ventana. La cubierta es de lona. Todo el conjunto puede ser montado por personal sin habilidades específicas, los componentes pueden ser movidos por una única persona, puede de igual manera ser desmontada y llevada a otro emplazamiento. La Manning Portable supone el anticipo de lo que serán las empresas dedicadas a la producción industrial de viviendas en el siglo XX, aunando estandarización, producción controlada, seriación y comercialización, incluyendo publicidad y distribución.

Otra de las primeras personas a las que se le ocurre llevar a cabo la idea de producir viviendas en serie es un matemático, arquitecto y militar sueco nacido en 1781 llamado Fredrik Blom. Blom piensa la vivienda como como una serie de partes que pueden ser montadas y desmontadas según la ocasión demandara. Como militar, concibe un sistema para construir edificios y barracones móviles, pero en la práctica el potencial de su propuesta se refleja en viviendas y más a menudo viviendas de verano. Blom ofrece a sus clientes componentes individuales de construcción realizados en madera, muros, muro con puerta, muro con ventana etc. unidos con elementos metálicos. En 1840 se producen alrededor de 140 viviendas.[21]

A pesar de la independencia de Estados Unidos en 1783, los territorios al este del río Mississippi, siguen teniendo una fuerte vinculación con Europa, y ésta aprovisiona al nuevo continente de productos elaborados entre los que se encuentran kits de vivienda destinada a los nuevos territorios colonizados. La fiebre del oro de 1848 supone el primer ímpetu real a la prefabricación de viviendas. Las viviendas se producen en Inglaterra, Francia, Alemania o Bélgica.[22]

Fabricantes como Edward Bellhouse en Manchester, Charles Young en Glasgow, o Samuel Hemming en Bristol, fabrican viviendas mediante la utilización de perfiles y paneles de hierro y cubiertas de hierro corru-

[21] WAERN, R *Scandinavia: Prefabrication as a model of society.* En Home delivery MoMa. Museum of Modern Art. Ed Birkhäuser. Nueva York. 2008. p.27

[22] KELLY, Burnham. *The Prefabrication of Houses.* Cambridge, Mass Technology Press. 1951. p.9

Sistema J.D.C Doeker para la construcción de pabellones. Patente comprada por Cristoph and Unmack.

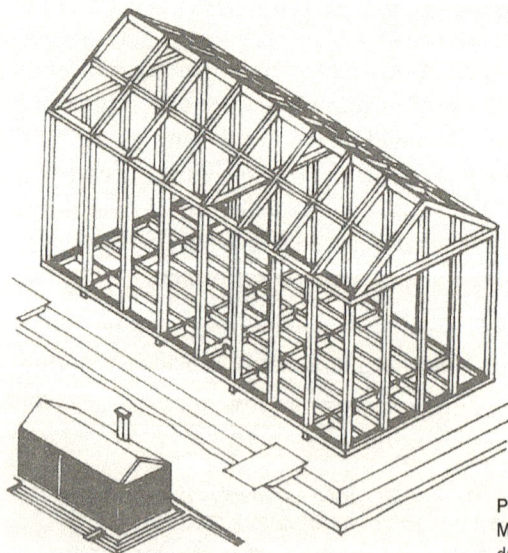

Portable cottage. John Manning. 1833. Un producto Ikea, antes de Ikea.

gado. En 1854 se cifra una cantidad de 30.329 "paquetes" enviados a las colonias, California, Sudáfrica, Australia y Sudamérica.[23]

En esta primera etapa, la industrialización de la vivienda se ve como una respuesta a una situación concreta, vivienda para colonos, tal y como señala Herbert:

> La prefabricación en el siglo XIX debe verse como un instrumento de los nuevos asentamientos. Las colonias demandan vivienda y escasea la producción y los trabajadores locales. El imperativo de refugio aunque fuese definido modestamente, con un mínimo de seguridad y confort fue la primera motivación para el desarrollo de la prefabricación temprana.[24]

En este caso las ventajas competitivas de la vivienda industrializada son más bien las ausencias de competencia local. La vivienda prefabricada es un producto único que ofrece nuevas prestaciones que no tiene la construcción tradicional. No es necesario competir en precio con la construcción local, ni con los constructores tradicionales, solo es necesario competir con otras empresas del sector. Las viviendas deben ofrecer: capacidad de envío, facilidad y rapidez de montaje y un precio competitivo.

Este negocio funcionó hasta que la industria de la construcción se consolidó en las nuevas colonias.

1833 | El inicio de la construcción como industria

Pero si consideramos el nacimiento del Ford T como el año 0 de la industrialización moderna, el año 1833 pasará a la historia de la industrialización de la arquitectura, no solo por la producción del Portable Cottage de Manning, sino por lo que algunos autores consideran el origen de la construcción como industria al eliminar la necesidad de mano de obra especializada en la ejecución de edificios: el Balloon Frame.[25]

---

[23] DAVIES, C. *The Prefabricated Home.* Reaktion Books. Londres.2005 p.49

[24] HERBERT, Gilbert. op.cit. p.11

[25] GIEDION, Sigfried. *Espacio, Tiempo y Arquitectura.* Editorial científico-Médica. Barcelona 1961 3ªEdición. p. 360.

De la misma manera como las profesiones de relojero, de carnicero, de panadero, de sastre, se convirtieron en industrias, así también la construcción tipo balloon condujo a reemplazar al experto y hábil carpintero especializado por el operario no cualificado.[26]

En 1833 Augustine Taylor[27] construye, en Chicago, una iglesia utilizando un sistema constructivo de su invención consistente básicamente en muros creados por una estructura vertical, "studs", de 2x4 pulgadas (50x100mm) separados 16 pulgadas (400mm) y clavadas a tablas horizontales,"joists", en su base y cabeza. En una estructura de dos plantas los studs cubren la altura total de la fachada, con un zuncho a media altura que soporta los joists del forjado de primera planta. Una vez que el entramado está acabado se reviste en ambas caras normalmente con tableros de madera o tablas surperpuestas "siding" clavadas a la estructura.

El sistema se aprovecha de dos avances en la producción industrial, utilizando secciones estándar de madera unidas mediante clavos de manera sencilla. La máquina de vapor asociada a la sierra[28] permite industrializar las serrerías aumentando su producción. La posibilidad de unir varias sierras separadas a distintos intervalos crea un stock de madera precortada de secciones estandarizadas a un coste mucho menor que la producida tradicionalmente a demanda. A este hecho hay que unirle la proliferación de fábricas de producción de clavos en Estados Unidos. Jesse Reed en 1807 patenta una máquina capaz de producir sesenta mil clavos al día, el coste del clavo se reduce de 25 a 5 centavos la unidad.[29]

[26] GIEDION, Sigfried. op.cit. p.362

[27] Primero atribuido a George W Snow del que Giedion (1961:366) da un exhaustivo y detallado relato, más tarde Walker Field demuestra que fue realmente Augustine Deodat Taylor el inventor del Balloon Frame. (Davies 2005:45,46).

[28] La primera patente de sierra accionada por máquina de vapor queda registrada en 1793 (Davies 2004:46).

[29] GIEDION, Sigfried. op.cit. p.363.

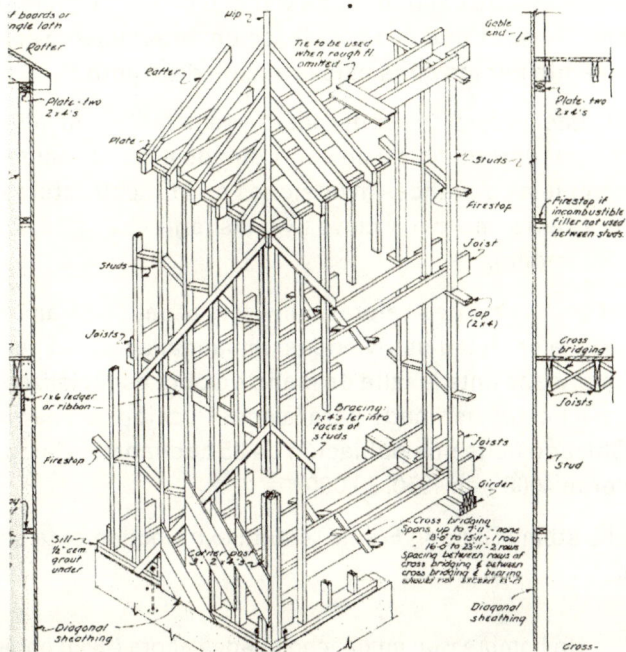

Sistema Balloon Frame.
El inicio de la
construcción como
industria según Giedion.

El nombre de balloon frame viene dado por la impresión del público que pensaba que una construcción de semejante entidad, saldría volando por los aires bajo la acción del viento.[30]

El sistema resulta ser duradero y resistente y, lo más importante, fácilmente reproducible y no subordinado a la utilización de máquinas complejas o grandes inversiones en infraestructuras. Simplemente una sierra, martillo y clavos y unas reglas sencillas que se repiten continuamente.

La unión de estos valores convierte al balloon frame en el método ideal para la cantidad de viviendas demandada en la expansión colonizadora americana ante la falta de mano de obra especializada. Una semana[31] es el tiempo estimado para la construcción de una vivienda. En 1833 Chicago tiene una población de 35 habitantes. Cinco años después serán 4000 y en 1850, 30.000.

El sistema Balloon Frame resulta extremadamente sencillo de llevar a cabo:

> Un hombre y un muchacho pueden ahora (1865) obtener con facilidad los mismos resultados que veinte hombres conseguían con una estructura anticuada... El principio de la estructura tipo balloon es aquel cuya exactitud tanto se refiere a la resistencia como a la economía.[32]

Estas cualidades hacen que el sistema se expanda rápidamente, permitiendo la colonización del Oeste americano, siendo exportado a Canadá y a los países del norte de Europa. El sistema permite la prefabricación de elementos de fachada, forjados y cubiertas con lo que los productores de madera tienen en él un sistema que les permite dar el paso lógico de simples proveedores de vigas y tablones a fabricantes de un elemento de valor añadido como es una vivienda utilizando catálogos y venta por correo.

---

[30] BERGDOLL, B y CHRISTENSEN, P (Ed) *Home Delivery Fabricating The Modern Dwelling.* Museum of Modern Art. Ed Birkhäuser. Nueva York. 2008. p.41.

[31] Buster Keaton reflejó este hecho en su célebre película "One Week". 1920.

[32] Woodwaard's country Homes. Citado por Giedion. op.cit. p.362

One week. Buster Keaton. 1920 .

1850 | Viviendas por catálogo

Si el balloon frame supone el origen de la construcción como industria, la venta de casas por catálogo es la primera iniciativa de venta de
vivienda como producto de consumo vendible del mismo modo que un
mueble, en un almacén o a través de catálogos y venta por correo.

Los catálogos de modelos son publicaciones de referencia con plantas, alzados y detalles constructivos, destinados a la construcción de
viviendas según modelos preestablecidos. El público adquiría estos
libros de modelos por gusto o con la intención de encontrar en ellos un
modelo de referencia para construir su casa empleando materiales y
mano de obra local.

Estos catálogos o "pattern books" tienen un gran desarrollo en los
siglos XVIII y XIX, principalmente en los países anglosajones. En 1797,

se publica en Filadelfia uno de los primeros libros de modelos de los Estados Unidos: *The practical house carpenter* or *Youth's instructor: containing a great variety of useful designs in carpentry and architecture* cuyo autor es William Pain.[33]

Con el tiempo esos libros de modelos son utilizados por los productores de madera precortada y componentes para la construcción que ven como paso lógico enviar al cliente no solo parte de los materiales para construir su casa, sino la casa completa que es elegida entre los múltiples modelos de su catálogo.

Ya en 1849 Siwers and Wennberg, una empresa sueca, exporta viviendas a California a través de modelos contenidos en un catálogo.[34]Durante la segunda mitad del siglo XIX y especialmente a finales de siglo, los almacenes de madera en Estados Unidos y Suecia comienzan a vender kits completos para la construcción de viviendas de madera bajo catálogo.[35]

Surgen compañías como Aladdin o Sears Roebuck and Co[36], que en 36 años de existencia venderá 100.000 viviendas, utilizando el sistema balloon frame; madera precortada numerada y planos de montaje junto con los componentes necesarios para completar la casa, puertas, ventanas etc. Producen casas populares de imagen tradicional a precios populares. Esta forma de negocio se convertirá en habitual a principios del siglo XX.

[33] REIFF, Daniel. *Houses from Books. Treatrise, Pattern Books, and Catalogs in American Architecture 1738-1950*. Penn State University. Press. 2001.

[34] WAERN, Rasmus Scandinavia: Prefabrication as a model of society. En: *Home Delivery. MoMa. Museum of Modern Art*. Ed Birkhäuser. Nueva York. 2008.

[35] BERGDOLL B. y CHRISTENSEN P (Ed) *Home Delivery Fabricating The Modern Dwelling*. Museum of Modern Art. Ed Birkhäuser. Nueva York. 2008. p.19

[36] Sears Roebuck and Co nace en 1886 como compañía de venta por correo de todo tipo de productos, mobiliario, maquinaria, vestuario e incluso, como vemos aquí, casas. Sus catálogos se hicieron famosos entre el público americano de la misma manera que lo son hoy en día los catálogos de IKEA.

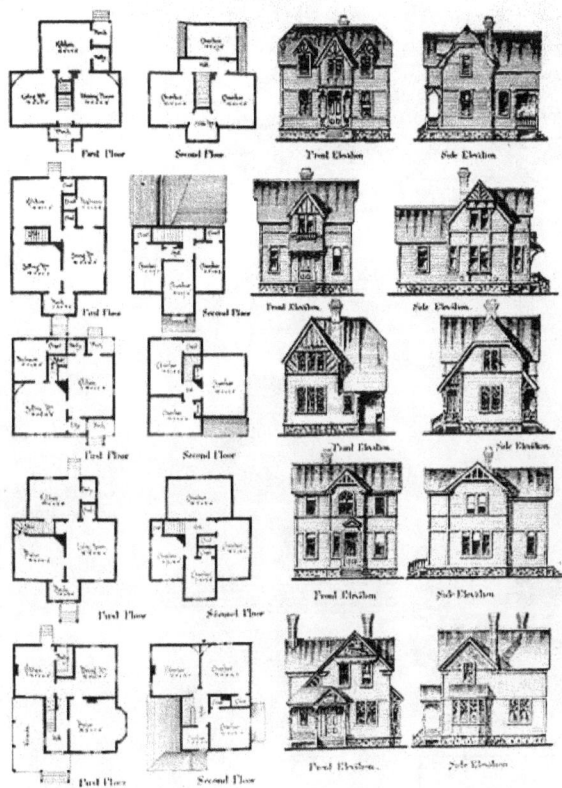

Pattern Book, o catálogo de modelos.

Coche Sears de venta por catálogo.

Casa Moderna n° 146 del catálogo de Sears.

Las empresas ofrecen a sus clientes ventajas financieras para pagar la parcela, la construcción civil y la casa misma[37]. Los diseños son predefinidos y pueden incluir elementos y equipamiento extra. Cada año se renuevan los catálogos que son distribuidos por correo y anunciados en periódicos.

Las casas de madera precortada de venta por catálogo, emplean en su fabricación elementos estandarizados sobre una linea de producción basada en la eficacia, que utiliza además economías de escala en el aprovisionamiento de materiales y en la producción de stocks. Las viviendas se comercializan en paquetes, incluyendo (casi) todo lo necesario para su construcción a un precio fijo.[38]

Las empresas se organizan en diferentes departamentos, ventas, producción, contabilidad, de la misma manera en la que lo hacen otros industriales. Los catálogos ofrecen una oportunidad de inmediatez prêt-à-porter a la vez que personalización mediante la elección del modelo que más se ajuste a las necesidades y gustos de la familia. Cada compañía decide su línea personal y compiten entre ellas en calidades, diseño, precio y prestaciones. Lo mismo que las marcas de automóviles. De esta manera, la casa entra en el moderno mundo de la industrialización, aunque de momento no lo haga de la mano de los arquitectos.

[37] Davies, C. *The Prefabricated Home.* Reaktion Books. Londres.2005 p.51
[38] KELLY, Burnham. *The Prefabrication of Houses.* Cambridge, MassTechnology Press. 1951. p.11

LA OPORTUNIDAD DE LA INDUSTRIA MODERNA

1908 | Segunda Revolución Industrial

La revolución industrial iniciada en el siglo XVIII se consolida en el XIX aumentándose el ritmo en las innovaciones. En 1823 los hermanos rusos Dubinin destilan el petróleo. Entre 1860 y 1870 aparecen las primeras refinerías en Rusia y Estados Unidos. En 1886 Nikolaus Otto patenta el motor de explosión interna, nace así la industria del automóvil.

La invención de la dinamo permite obtener electricidad como nueva fuente de energía. Aunque esta invención tuvo lugar en la década de 1830 no fue hasta 1882 cuando Edison construye un generador en la zona de Wall Street de Nueva York y distribuye la energía por sus calles. En 1889 Tesla patenta el motor eléctrico eficiente multifase.

Estos nuevos avances científicos e innovaciones tecnológicas, permiten modificar sustancialmente los procesos productivos. Por un lado la aparición de los combustibles derivados del petróleo y la generalización del uso de la electricidad y, por otro, las aportaciones de Henry Ford y de Frederic Winslow Taylor con sus estudios para la organización científica del trabajo, son definitivas para entender la producción industrial en su máximo desarrollo durante esta época. Al igual que en la primera revolución industrial tuvo un papel primordial la introducción de la máquina y la división del trabajo, en la segunda revolución será de nuevo la optimización de los procesos, el Taylorismo, junto con la cadena de montaje, las que consigan las mejoras en la producción.

Ford aplica a sus plantas de fabricación de automóviles la especialización en el trabajo o producción especializada, convirtiendo la industria del automóvil en la industria de referencia en esta etapa y entrando de la mano de Ford en los sistemas de producción modernos. En 1908 Ford lanza al mercado el modelo T, un vehículo construido en serie y primer automóvil destinado a las clases medias. Para ello aplica, en primer lugar, el sistema de intercambiabilidad de piezas en 1908, gracias a un estricto control dimensional; y en 1913 la cadena de montaje.[39]

---

[39] El principio de intercambiabilidad de piezas era anteriormente usado en la fabricación

Henry Ford y Frederic Winslow Taylor, responsables de la segunda revolución industrial.

Taylor aporta otro de los elementos esenciales: la organización científica del trabajo enunciada en su *Shop managment* de 1903 y posteriormente en *Principles of Scientific Management* 1911, con el fin de maximizar la eficiencia de la mano de obra, máquinas y herramientas, mediante la división sistemática de las tareas, la organización racional del trabajo en sus secuencias y procesos, y el cronometraje de las operaciones, suprimiendo toda improvisación en la actividad industrial.

El principio de intercambiabilidad de piezas, junto con la cadena de montaje y la organización científica del trabajo dan lugar a la producción en serie.

La producción en serie es la aplicación de los principios de potencia, precisión, economía, método, continuidad y velocidad a un proceso de fabricación.[40]

Los costes y con ellos los precios de los productos manufacturados caen de forma espectacular.

---

de armamento y la cadena de montaje en los despieces de carne de los mataderos. Ford no hace sino poner juntas estas dos ideas.

[40] Henry Ford citado por BENDER, Richard. *Una visión de la construcción industrializada.* Barcelona. Ed Gustavo Gili.1976.A crack in the rear-view window. A view of industrialized Building. Nueva York 1973. p.14.

En el contexto de la casa, pequeños inventos tendrán una gran repercusión en la configuración del ámbito doméstico. El friegaplatos se patenta en 1850 y en 1880 se fabrica el primero de manera industrial por una compañía que acabaría convirtiéndose en Whirpool. En 1901 tenemos la primera lavadora patentada por Alba Fisher, la aspiradora en 1908.

La mujer comenzó a tener un papel relevante en el diseño de la casa a través de las publicaciones de mediados del siglo XIX y principios del XX por autoras como Catherine Beecher en 1848,[41] Christine Frederik en 1912 o Mary Pattison[42] en 1915 prologada por el mismo Frederik W Taylor. Con ellas, aunque esta afirmación es políticamente delicada, entró en juego el sentido práctico en el diseño de la vivienda. La casa comienza a entenderse como un organismo que es necesario gestionar y mantener. Ese concepto dinámico de la casa afecta a en la disposición y tamaño de los distintos elementos que la constituían, así como los materiales empleados.

Las ideas de la optimización de las tareas productivas promulgadas por Taylor a principios del siglo XX y la organización científica del trabajo, tuvo su correlación a través de los escritos de Pattison, Frederik y Beecher en la organización científica de la casa que serían completados con los estudios del movimiento de Lilian Gilbreth. El resultado de sus estudios tuvo gran influencia en el desarrollo de la casa en la primera mitad del siglo XX. La casa de las clases medias se reduce a partir de ese momento mejorando la posibilidad de ser producidas industrialmente.

1910-1920 | La adhesión de los padres de la arquitectura moderna

Los arquitectos y productores vuelven su mirada hacia Ford y la industria como esperanza para abandonar las prácticas del pasado y solucionar el problema arquitectónico del momento, la casa para todos:

[41] BEECHER Catherine E. *a Treatise on Domestic Economy: For the use of Young Ladies at Home and at School.* Harper Nueva York.

[42] El libro lleva por título *Los principios de la ingeniería doméstica.*

El movimiento moderno rechazó el elitismo, historicismo y anti-indus-trialismo que caracterizó el siglo XIX. Querían acercar la arquitectura a las masas y mirar a las realidades de una sociedad industrial. Que mejor manera de conseguirlo que diseñar casas que pudiesen ser pro-ducidas en masa en factorías de la misma manera que el Ford T. [43]

Y pasando de una cosa a otra, después de que se han producido en las fábricas tantos cañones, aviones, camiones y vagones, uno se dice: ¿no se podrían fabricar casas? Este es un estado de espíritu muy acorde con la época. No hay nada listo, pero se podría hacer de todo.[44]

W. Gropius (1883-1969) dedicó la mayor parte de su esfuerzo a vincular industria y arquitectura, no solo a través de la fundación de la Bauhaus, sino a través del desarrollo de viviendas para diferentes productores industriales, desde las Copper Houses a la Packaged House que reali-zará con Wachsmann.

En 1909 Gropius propone al director de la AEG crear una compañía para la construcción de vivienda industrializada. Las viviendas estarían basadas en unos principios artísticos unificados y serían producidas industrialmente a través de componentes estandarizados. Esta idea le acompañará continuamente en su carrera:

Nosotros conseguiremos un límite tal de competencia técnica que será posible racionalizar los edificios y producirlos en masa, en la fábrica, reduciendo sus estructuras a un cierto número de componen-tes. Como las cajas de construcción de los niños, estos elementos se unirán en distintas composiciones formales, en seco; lo que equivale a decir que la construcción dejará definitivamente de depender del tiempo. Estas casas completamente terminadas, construidas sóli-damente y al abrigo del calor, podrán suministrarse, completamente equipadas, directamente de la fábrica, convirtiéndose, por tanto, en uno de los principales productos de la industria. [45]

[43] DAVIES, C. *The Prefabricated Home*. Reaktion Books. Londres. 2005. p.11
[44] LE CORBUSIER *Hacia una arquitectura*. Apóstrofe. Barcelona. 1998. p.193
[45] Gropius, 1935. Citado en BERNARD, PAUL 1983. "La construccion por componentes compatibles". Editores técnicos asociados. Barcelona. 1983. p.43

Walter Gopius y Konrad Wachsmann en Los Ángeles durante el montaje de la casa demostrativa de uno de los grandes fallos de la Casa Industrializada: la Packaged House.

Walter Gropius a través de la Bauhaus junto con otros profesores, colaboradores y arquitectos: Breuer, Meyer y por otro lado Wachsmann, serán los que defiendan una idea de arquitectura industrializada. El arquitecto debía aprender del ingeniero, imbuirse en el espíritu de la época-el nuevo espíritu- incluso redefinir la figura del arquitecto, para realizar una arquitectura acorde con su tiempo:

> La nueva casa es un edificio prefabricado para montar in situ; por tanto es un producto industrial, resultado del trabajo de una variedad de especialistas: economistas, estructuristas, higienistas, climatologistas, ingenieros industriales, expertos en estandarización, ingenieros en calefacción y el arquitecto..., era un artista y ahora se ha convertido en un especialista en organización.[46]

Gropius utilizó siempre que pudo su poder de influencia para dirigir la arquitectura hacia la industria, no solo en su época en la Bauhaus sino también en su exilio en los Estados Unidos.

> La mecanización de la industria ha bajado los costes de los bienes manufacturados, pero las casas siguen siendo construidas de modo artesanal por la mano de los obreros. Una solución es la casa hecha por partes construidas de antemano, la casa prefabricada. Estas partes

[46] Hannes Meyer 1928. Citado por SALAS, Julián. op.cit. p.22.

vendrán de la producción en masa –y no hay límite para el tamaño de la vivienda que se quiera construir.(...) Cambios a mejor vendrán. Recuerden, los precios de la comida y la ropa han sido adaptados a las necesidades del hombre común, pero no los alquileres. Algún día lo harán.[47]

En los años veinte las principales figuras del movimiento moderno en la arquitectura se alinearán con el espíritu industrial viendo en la industrialización la solución a muchos de los problemas de la época.

Veo en la industrialización el problema central de la edificación de nuestro tiempo. Si tenemos éxito en conducir esta industrialización, los problemas sociales, económicos, técnicos y también artísticos se resolverán fácilmente.[48]

Le Corbusier (1887-1965), apuesta por la vivienda en serie y la utilización de los métodos de la industria:[49] Estandarización, Industrialización y Taylorización de la vivienda:[50]

La gran industria debe ocuparse de la edificación y establecer en serie los elementos de la casa.
Hay que crear el estado de espíritu de la serie.
El estado de espíritu de construir casas en serie.
El estado de espíritu de habitar casas en serie.
El estado de espíritu de concebir casas en serie.[51]

Le Corbusier deja sentadas las bases teóricas y crea los más entusiastas alegatos a favor de la industrialización de la casa, pero aunque

---

[47] Entrevista al Boston Herald 7 de Febrero de 1939. Citado en HERBERT, Gilbert *The Dream Of The Factory Made House*. MIT press Cambridge Massachusetts. 1984. p.231

[48] Mies Van der Rohe, 1924 Citado en SALAS, JULIAN. *Alojamiento y tecnología: ¿industrialización abierta?*. Instituto Eduardo Torroja de la Construcción y el cemento. Consejo Superior de Investigaciones Científicas. 1984. p.21

[49] Le Corbusier quizá no casualmente pasó por el estudio de Behrens poco después de que Gropius se marchase de allí y ya hubiese planteado a la AEG su propuesta de vivienda e industria.

[50] LE CORBUSIER. *Standardization, Industrialisation, Taylorisation* Bulletin du Redressement Français 1 Mayo. 1928.

[51] LE CORBUSIER. *Hacia una arquitectura*. Apóstrofe. Barcelona. 1998. p.187

Hay que crear el espíritu de la serie. El Estado de espíritu de habitar casas en serie. El estado de espíritu de concebir casas en serie. El estado de espíritu de construir casas en serie. Le Corbusier.

llega a lanzar un sistema de construcción en seco,[52] en la práctica no predicará con el ejemplo más allá de la teoría.

La construcción en madera también se suma al desarrollo de la Casa Industrializada. En 1869 se funda en Copenhague la compañía Christoph y Unmack, por un ebanista, Christian Ferdinand Christoph y un arquitecto, Christian Rudolf Unmack. La compañía comienza como fabricante de muros prefabricados, pasando a patentar pabellones destinados a hospitales y barracones militares. En 1887 construyen un gran complejo fabril en Niesky, Alemania donde comienzan con la producción de vivienda. En 1920 ya producen vivienda de madera en cantidades significativas.[53]

Christoph y Unmack se convierte en uno de los principales productores europeos y cuenta con las colaboraciones de arquitectos entre los que se encuentran Hans Scharoun y Konrad Wachsmann, que llegará a ser director de la sección de arquitectura diseñando entre otras la casa de Albert Einstein. El aprendizaje recibido en esta etapa le permitirá desarrollar más adelante en Estados Unidos un sistema propio en el que participará Walter Gropius, la Packaged House.

---

[52] Las Maison a Sec. Casas montadas en seco. En: SECO, Enrique. ARAUJO, Ramón, *La casa en serie*. Ediciones Mairea. Madrid. 1986.
[53] HERBERT, Gilbert. op.cit. p.83-98

Vivienda prefabricada por Christoph and Unmack diseñada por Konrad Wachsmann para Albert Einstein.

1920-1930 | Vivienda como respuesta a una crisis

La década de los años 20 es, lo que Herbert denominará, el periodo heroico de los pioneros en Europa. Tras la primera guerra mundial (1914-1918) la prefabricación de vivienda, especialmente en Europa, recibe un fuerte estímulo por la necesidad de reconstrucción y los excesos de producción en metales que demandan nuevas aplicaciones. Las industrias armamentísticas, especialmente las aeronáuticas, intentan reciclarse en industrias para tiempos de paz.

Esta época, considerada también como la edad de hierro de la prefabricación,[54] especialmente en Europa,[55] verá la proliferación de sistemas constructivos que utilizan el acero como elemento principal, tanto para sistemas de entramados estructurales ligeros como para paneles estructurales de fachada y envolventes. Las industrias del automóvil y de la aviación han desarrollado la tecnología necesaria para trabajar con planchas metálicas conformadas a través de prensas y de aleaciones ligeras de materiales metálicos. Esta tecnología será puesta en práctica en la Casa Industrializada al finalizar la primera guerra mundial.

El acero inoxidable se patenta en 1919. El primer aire acondicionado instalado en un ámbito doméstico se lleva a cabo en Minneapolis en 1914 por Carrier.

Hacia 1920 diversas compañías comienzan a producir perfiles de acero laminado con secciones estandarizadas empleando acero en lugar de hierro fundido. En los años de la fiebre de la estandarización esas medidas se compartieron entre los industriales de un mismo país o ámbito comercial, las normas ISO, especificaron cuales serían esas dimensiones estándar para perfiles en H, I, L etc.[56]

En Gran Bretaña la cifra demandada de vivienda, unida a la falta de obreros especializados y de ladrillo, impulsa el desarrollo de sistemas industrializados con el programa "homes fits heroes". Entre los sistemas y las viviendas que nacieron bajo estas circunstancias, destaca la casa Dorlonco que utiliza estructura metálica y paneles de cemento proyectado sobre chapa estirada. Se construyen alrededor de 10.000 viviendas. Otra compañía, J. Weird Ltd, produce unas 3.000 viviendas utilizando estructura de madera y paneles de fibras como revestimiento. Ninguna compañía de vivienda industrializada, descontando las

---

[54] Prentice Winchell, "The Dwelling of Tomorrow: An Economic Study in Residential Construction Showing Why a Growing Use of Iron and Steel is Inevitable" *Iron Age*. 1926. citado por Herbert. p.221

[55] En Estados Unidos esta edad de hierro se dará una década después con la importación de las soluciones Europeas.

[56] JACKSON, Neil. *The Modern Steel House*. E& FN Spon. Champan & Hall. Londres. 1996. p.5.

Weissenhofsiedlung en Stutgart. 1927.
Walter Gropius.

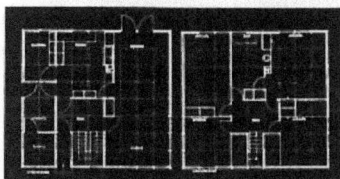

empresas que venden kits de madera precortada, construirán tantas viviendas hasta la 2ª Guerra Mundial.[57]

Alemania comienza con la producción industrializada de viviendas más tarde, a partir de 1926, debido a que las heridas de la guerra son más profundas que en el resto de países contendientes. No se llegan a construir tantas viviendas, pero en cambio experimentan con más sistemas, aplicándose, a diferencia de Gran Bretaña y Estados Unidos, a la vivienda colectiva en altura. El excedente en la capacidad productiva de acero impulsa el desarrollo de sistemas con este material, incluso industriales como Junkers se animan a probar el mercado de la Casa Industrializada.[58]

[57] KELLY, Burnham. op.cit. p.16
[58] KELLY, Burnham. op.cit. p.18

Uno de los primeros ejemplos de estas investigaciones es la exposición de Weissenhofsiedlung en Stuttgart de 1927 con obras de Gropius, Le Corbusier y Mies Van der Rohe entre otros. En ella, se comienza a experimentar con el uso de productos industriales en la conformación de la vivienda individual. La propuesta de Gropius consiste en la puesta en práctica de sus teorías sobre construcción por componentes compatibles. En una planta de rigurosa trama modular construye una vivienda en dos plantas con un entramado metálico de perfiles de sección en Z, vigas de sección I estandarizadas, panelada con planchas de asbestos al exterior, paneles de fibra de celulosa al interior y aislada con 8 centímetros de panel de corcho, la cubierta se compone de losas de hormigón aligerado cubierto de un impermeabilizante metálico, los suelos son de madera y los techos de planchas de celotex.[59] Se trata de un sistema de construcción en seco basado en componentes ligeros existentes en mercado, un ejemplo demostrativo de lo que la industria puede hacer por la vivienda en ese momento.

En Francia, Le Corbusier se hace eco de la iniciativa del industrial Voisin para producir viviendas industrializadas a través de sus fábricas de aviones, las viviendas Voisin. Los soldados, se convertirían en la mano de obra en las fábricas que producirán los alojamientos, cerrando una fórmula supuestamente perfecta para resolver los problemas de alojamiento, trabajo y reconversión industrial.[60]

En Suecia, la necesidad de aportar vivienda a las clases más necesitadas lleva al gobierno a desarrollar una iniciativa para producir viviendas de bajo coste utilizando métodos eficaces de producción con madera, material que forma parte de la tradición constructiva del país y un recurso abundante. Los sistemas empleados son secciones completas de muro con entramado de madera, revestimiento interior y exterior de madera machihembrada y aislante de serrín que permiten la autoconstrucción. Los sistemas se consideraran adecuados y se incorporaran a la estructura empresarial de productores de vivienda industrializada.

[59] HERBERT, Gilbert. op.cit. p.56
[60] Le Corbusier-Saugnier. Les Maisons "Voisin" en L'Spirit Noveau 2. 1920.

1920-1930 | America experimenta

Mientras tanto en Estados Unidos no existe el interés por parte del gobierno, ni quizá la necesidad (el país se haya en pleno boom inmobiliario) de promover los sistemas industrializados de vivienda. Se dan en esos años un periodo de experimentación. Mientras Estados Unidos experimenta con la Industrialización de la vivienda, Europa construye con ella.[61]

Es de desatacar, en estas fechas, el trabajo realizado por instituciones privadas en el estudio y divulgación de los sistemas prefabricados. En 1921 se funda la Albert Farwell Bemis Foundation, dedicada al estudio de nuevos sistemas y materiales para la industrialización de la vivienda. La fundación financia el desarrollo de prototipos y modelos así como estudios sobre el ecosistema global de la vivienda industrializada. Parte importante de estos estudios es la propuesta de establecimiento de un sistema de coordinación dimensional basado en un módulo espacial cúbico de 4" (10cm) para toda la industria de la vivienda.[62]

Los Estados Unidos comienzan a mirar a Europa y sus desarrollos de sistemas de producción en masa de vivienda permanente utilizando principalmente entramado ligero de acero. En esta línea se sitúa otro de los pioneros de la vivienda industrializada, R. B. Fuller (1895-1983), que propone poner los adelantos científicos e industriales al servicio del hombre y su vivienda:

> La tecnología para producir las maquinarias de vivienda, la capacidad de distribuirlas por el aire, su capacidad de recoger y conservar energía, y su prolongada autonomía de operación, ya ha llegado a la etapa de lanzamiento por la industria de servicios. Esta última no venderá casas, sino que las alquilará (como los teléfonos o los coches de alquiler). Buena parte de la industria muerta de fabricación de coches de los Estados Unidos podría y probablemente será readaptada para

---

[61] KELLY, Burnham. op.cit. p.15

[62] La fundación Bemis perteneciente al MIT de Cambridge, Massachussets posee uno de los archivos más completos de la historia de la prefabricación en los Estados Unidos y financió entre otros la investigación *The Prefabrication of Dwellings* de Burnham Kelly publicada en 1951. y *The evolving house* obra del propio Bemis.

producir las maquinarias de vivienda que se necesitarán para mejorar la forma de habitar de cuatro mil millones de seres humanos.

(...)

Esta oportunidad innovadora eco-tecnológica para toda la humanidad, implica la inauguración cumplida de la producción industrial masiva de las maquinarias de vivienda y todos los controles medioambientales, geodésicos y tensados, distribuibles por el aire, listos para ocupar.[63]

Fuller, cree firmemente en la industria como vehículo capaz para dotar a la humanidad de viviendas eficientes en el consumo de recursos y en el gasto energético, una idea que podría considerarse como actual solo que planteada hace 65 años.

Fuller asimila la idea de Henry Ford sobre la producción en serie y en ese modelo encuadra el trabajo de toda su vida.[64] En 1927 Fuller presenta en los almacenes Marshall Field de Chicago la maqueta de la Dymaxion House. Una vivienda revolucionaria que lleva al límite el concepto de levedad de las estructuras tensadas de la aviación y la náutica con el empleo de soluciones metálicas ligeras y equipada con todos los adelantos en tecnología doméstica. La casa produciría su propia energía, se autorregularía térmicamente, sería autolimpiable y trataría sus propios residuos. La vivienda, no entra en producción, Fuller predice que la industria no estará preparada para fabricar en serie esta vivienda hasta pasados 21 o 22 años, es decir en 1948-1949.

[63] FULLER. R. Buckminster. *El Capitán etéreo y otros escritos.* Colegio oficial de Aparejadores y Arquitectos técnicos de la región de Murcia. Colección Arquilecturas. 2003. p.135

[64] Zung, T *Viviendas para el futuro.* En "Bukminster Fuller 1895-1983" AV monografias num 143. 2010. p.46

Dymaxion House 1927.
Richard Buckminster Fuller.

EL MOMENTO ESPERADO

1930-1940 | El comienzo de la prefabricación como movimiento

Durante la depresión de los años 30, la industrialización de la vivienda comienza a tomar la categoría de movimiento especialmente en los Estados Unidos.[65] Tras el crack del 29 se ve a la industria como solución esperanzadora a los problemas de vivienda y los problemas de la industria. De nuevo esa fórmula mágica que se intentó llevar a cabo en Europa tras la primera guerra mundial. Por un lado se busca la manera de proveer de alojamientos de bajo coste a la población y por otra la creación de nuevas áreas de inversión y producción.

En estos años aumenta el numero de instituciones gubernamentales y no gubernamentales dedicadas a la investigación de la vivienda industrializada y de bajo coste: National Bureau of Standards, Federal Housing Administration, el Tenesse Valley Authority, Pierce Foundation, U.S. Forest Products Laboratory o la Universidad de Purdue.[66]

---

[65] KELLY, Burnham. op.cit. p.28
[66] KELLY, Burnham. op.cit p.30-37

Aparecen nuevos materiales que pronto serán aplicados en la industria de la vivienda. Se progresa en la fabricación de maderas contrachapadas gracias al desarrollo de nuevos sistemas de encolado y de corte de las chapas; se avanza en la mejora de utilización de derivados de la madera para la producción de plásticos, tableros de pared, yesos, asbestos etc. Se comienza a trabajar con sistemas estructurales de membrana o diafragma (skin stressed) derivados de la industria aeronáutica. Estos sistemas utilizan estructuras, tanto de madera como metálicas reforzadas con tablero contrachapado o paneles metálicos trabajando a tensión, permitiendo un aligeramiento de las estructuras y una reducción significativa de los costes.

En la década de los 30, grandes compañías americanas como General Electric o United Steel Corporation[67] se interesan en el negocio de la vivienda industrializada; algunas como aplicación de sus productos, otras como extensión de su capacidad productiva y organizativa. Su participación va más allá de la creación de componentes específicos llegando a desarrollar sistemas completos de construcción de viviendas utilizando sus catálogos de materiales y productos. Al final de la década al menos 30 compañías producen vivienda de manera continua en los Estados Unidos.[68]

La Casa Industrializada se ve como un producto similar al automóvil,[69] su producción en masa debería ofrecer vivienda de calidad a bajo coste. La solución al problema de la vivienda en Estados Unidos vendrá de la industria y el mercado libre, y no por los gobiernos como sería el caso de Europa: producción en masa de viviendas unifamiliares frente a alojamiento de masas en bloques residenciales. Aunque en un principio las empresas se dirigen al mercado de vivienda de medio y bajo coste poco a poco van viendo la oportunidad de competir en un mercado de mayor valor añadido.

---

[67] Otras empresas que se adentraron en este mundo fueron American Car and Foundry Co, Pullman Standard Car Mfg. Co, The Cellotex Corporation, Jhons-Manville Corporation, U.S Gypsum Co, American Radiator and Standard Sanitary Corp. En Kelly. op.cit

[68] KELLY, Burnham. op.cit. p.60

[69] HERBERT, Gilbert. op.cit. p.218 y Kelly. op.cit p.51

En el año 1931 Albert Frey monta la Aluminaire House en una exhibición en Nueva York. Frey de origen Suizo colabora con Le Corbusier en la villa Saboya. La vivienda, de clara influencia corbuseriana se compone de una estructura de pilares cilíndricos de acero, cercos de las puertas y ventanas en acero y revestidas con aluminio acanalado. La vivienda se financió con la aportación de dinero y materiales por parte de los industriales. Tras la exposición fue desmantelada en seis horas y vuelta a montar en Long Island.[70]

Comienzan a producirse en Estados Unidos, por compañías como Armco, las primeras viviendas en acero no solo aplicado a la estructura sino como sistema global, utilizando paneles de acero como cerramiento. En 1932 Howard T Fisher constituye General Houses Inc una compañía que produce viviendas ensamblando componentes de acero a través de la gestión de una cadena de proveedores con la misma idea de producción, y no solo el nombre, que General Motors. Las casas de acero se venden con un precio de entre 3.000 y 4.000 dolares.[71]

La empresa American Houses comienza con la construcción de viviendas modernas con paneles de acero con su proyecto destacado Motorhome. Años más tarde reconvertirían sus diseños a vivienda tradicional en todo menos en los modos de producción convirtiéndose en uno de los principales productores de vivienda industrializada del país.

El año 1933 supone un año determinante para la Casa Industrializada especialmente en Estados Unidos. La conjunción de oportunidades, acontecimientos y personalidades augura que el sueño de la Casa Industrializada esta cercano a cumplirse.

Roosevelt es elegido presidente del país y comienza a restaurar la confianza en la recuperación económica y social lanzando el programa *New Deal* de política intervencionista con la intención de hacer frente a los efectos de la gran depresión ocurrida tras el crack del 29.

En Chicago se organiza la Exposición *A Century of Progress*, un siglo después de la invención del Balloon Frame y de la fundación de la ciudad. En la exposición se muestran al público varias viviendas desarro-

---

[70] JACKSON, Neil. The Modern Steel House. E& FN Spon. Champan & Hall. Londres 1996. p.31
[71] BERGDOLL, B. op.cit. p.19

General Houses. Howard T. Fisher. 1933 El intento de llegar a ser el General Motors de la vivienda.

The House of Tomorrow. Keck y Atwood. 1933.

lladas con los últimos adelantos de la construcción, entre ellas están las viviendas de Armco, General Houses y la *House of Tomorrow* de George Fred y William Keck con la colaboración de Lelan Atwood asistente de Fuller en la Dymaxion[72].

La House of Tomorrow se realiza con medidas éstandar y componentes de catálogos disponibles en mercado, buscando una eficacia en el proceso constructivo, la vivienda se monta en tres días, en el garaje se aloja un biplano deportivo. El éxito de la vivienda, fue visitada por 750.000 personas[73], anima a los autores a realizar, al año siguiente, la Keck Crystal House.

[72] JACKSON, Neil. op.cit. p.35.

[73] Para visitar la casa era necesario pagar la entrada, con lo que la exhibición de la casa suponía un negocio en si mismo.

The Crystal House. Keck y Atwood. 1934. El garage aloja el Dymaxion car de Fuller.

The Cellophane House. La reinterpretación moderna de la Crystal House llevada a cabo por Kieran y Timberlake para la exposición Home Delivery en el MoMa 2008.

Pero a pesar de que esta segunda vivienda no tiene tanto éxito a nivel de público, si que tiene mayor interés a nivel arquitectónico. La intención de Keck es la de diseñar "una vivienda con tales cualidades y materiales que permita su producción en masa"[74]. Keck acompaña la Crystal House con un manifiesto en cuyo punto 4 indica la necesidad de construir dentro de las limitaciones de la industria y de la producción en masa sin perder la oportunidad de encontrar una expresión individual, de gusto y asequible.

La casa, de tres plantas, vuelve a incidir en el uso de componentes de mercado, con una mayor presencia de la estructura y un cerramiento totalmente acristalado. La estructura exterior esta formada por celo-

---

[74] JACKSON, Neil. op.cit. p.35

sías metálicas prefabricadas en taller y montadas en obra. El cerramiento consiste en una serie de montantes metálicos que reciben los vidrios en una modulación constante. La imagen final es la de una frágil caja de vidrio sustentada por un andamiaje externo, una suerte de espacio gótico con sus arquitrabes.

La Crystal House de Keck hereda parte del espíritu de las propuestas de Fuller. Los otros puntos del manifiesto: defensa de la planta libre, una casa al servicio del hombre y no viceversa y énfasis en la iluminación natural y calefacción pasiva refuerzan esta relación ideológica que se cierra con la presencia del coche Dymaxion en el garaje.

La obra de Keck supone una influencia considerable en los arquitectos de las siguientes generaciones. En su estudio trabaja Ralph Rapson que firmará más adelante un par de casas no realizadas en el Case Study House Program y la Crystal House es una clara referencia, a nivel de estrategia proyectual, para la CSH#8 de los Eames y más recientemente para la propuesta de Kieran y Timberlake para el MoMa.

Siguiendo en 1933 y dentro del programa *New Deal,* se crea la Tennessee Valley Authority, con la intención de gestionar un ambicioso plan hidroeléctrico en la cuenca del río Tennessee. El plan, que desplazará a 15.000 familias, incluye la creación de viviendas temporales para los trabajadores de las presas. En lugar de construir barracones se estudia la construcción de una vivienda realizada por la unión de secciones.fabricadas en taller de 7,5x22x9,5 pies (2,28x6,7x2,89m). Estas secciones son transportadas en camión y ensambladas en la parcela. Este será el origen de la más exitosa experiencia de la industria de la Casa Industrializada, el Mobile Home.[75] Considerada por Arthur Bernhardt[76] como la industria de la construcción más eficaz de lejos, en los Estados Unidos y probablemente en el mundo, debido a que han sabido manipular estratégicamente todas las funciones importantes

---

[75] Aunque la primera vivienda modular seccional, siguiendo la definición de Kelly, fue fabricada por General Housing corporation con un ancho de 3,6 m y compuesta de dos secciones. Kelly, Burnham. op.cit. p.37-38

[76] BERNHARDT, Arthur. "Building tomorrow: The mobile/manufactured housing industry 1980 p 134.

Tenesse Valley Authority. 1933. Construcción modular o por secciones.

Cooper Houses. W. Gropius participó como consultor
de la compañía. Una joya revestida de cobre.

que afectan a la gran industria, una red de desarrollo de producción,
distribución y suelo efectivamente sincronizada con su entorno regu-
lador y promotor.

A mediados de los años 20 Arthur Sherman había construido la primera roulot (house trailer). En 1929 crea la compañía Covered Wagon.y
establece una línea de producción. En 1936 construye 6.000 trailers de
alta calidad, la casa sobre ruedas, primer híbrido real entre automóvil y
vivienda. Al principio tiene como uso exclusivo el vacacional, más adelante el 35% de la producción se venderá a jubilados y el 15% a trabajadores inmigrantes.

Durante esta década, el público, alimentado por una prensa afín a la
vivienda industrializada, deposita sus esperanzas en la industria como
garante de una vivienda mejor. Las publicaciones, periódicos, revistas
y otros medios de comunicación se alinean con la industrialización
como idea de un futuro mejor. La profesión arquitectónica comienza a
aprender sobre los nuevos sistemas, directamente en las exposiciones
o en sus oficinas a través de la amplia cobertura dada a la prefabricación en las publicaciones profesionales.

En Alemania, Gropius participa en el redefinición de las Copper houses en el año 1932 y actúa como director de la división de vivienda. Se
trata de un sistema de construcción por paneles utilizando el cobre
como material principal de revestimiento. Las viviendas son montadas
en el lugar en apenas 24 horas. Aunque en principio se destinan a un
mercado local, las circunstancias les hacen dirigirse al mercado de
colonos judíos que emigran a Palestina, son de aspecto tradicional
aunque están realizadas con la última tecnología.

Con la llegada del partido Nazi al gobierno en Alemania en 1933, las
investigaciones en el uso del acero en vivienda industrializada se para-
lizan, por un lado por las restricciones al uso del acero y por otro al
no ser las ideas afines a la ideología del partido que apuesta por una
construcción tradicional y artesana. Los arquitectos pioneros se ven
obligados a emigrar, la mayor parte de ellos, a Estados Unidos donde
esperan desarrollar sus ideas de arquitectura e industria en el entorno
ideal.

> Creo que en la industria de la vivienda de los Estados Unidos encon-
> traré un hombre similar a Ford en la industria del automóvil.[77]

Allí todo parece preparado para que la casa industrializada pase de
ser un elemento de exhibición a una realidad industrial y comercial.
La industria comienza a interesarse por la casa, los arquitectos por la
industria y el público en general animado, por una intensa campaña
de sensibilización mediática, comienza a interesarse por esas casas
del futuro. Es el momento perfecto, pero el inicio de la segunda guerra
mundial supone un parón en las investigaciones, aunque la industria
de la casa saldrá reforzada después de la contienda.

[77] Gropius citado en BERGDOLL, B. op.cit. p.19

1940-1950 | Convertir el armamento en vivimento[78]

Al acabar la Segunda Guerra Mundial, convergen los elementos que deberían ocasionar la consolidación de la Casa Industrializada como una realidad. Es el momento económico, social y tecnológico propicio para que este sueño se haga realidad.

La Segunda Guerra Mundial (1939-1945) trae nuevos avances en la producción de metales ligeros y aleaciones metálicas anticorrosivas utilizadas en la industria aeronáutica y naval. Entre otras mejoras de producción que aporta el desarrollo bélico está la soldadura por arco eléctrico que permite uniones rígidas y la eliminación del roblonado y cuyo uso se hizo extensivo a partir de los años 50.

Se da el impulso definitivo en la investigación con madera contrachapada que es obtenible en cantidades industriales desde 1947, convirtiéndose en habitual para la construcción de vivienda industrializada al aportar producción industrial, ligereza, resistencia estructural y durabilidad. Esta relación es tan estrecha en los Estados Unidos que, tal y como afirma la revista Arts and Architecture en 1950, la madera contrachapada se convirtió casi en sinónimo de vivienda industrializada.[79]

Se empuja de nuevo la producción industrial de plásticos permitiendo reducir el coste de fabricación. En 1939 se inventa el Polietileno de baja densidad LDPE, en 1940 el Poliestireno extruido EPS. Tras la guerra, la industria del plástico acabó alcanzando un desarrollo tal que bastaba con definir las propiedades buscadas de un nuevo plástico para sintetizarlo en laboratorio.[80]

Otros avances tecnológicos se ponen a disposición de la vivienda, la tecnología militar da origen al microondas, los electrodomésticos evolucionan augurando un nuevo futuro en la vida doméstica. Aparecen los primeros robots de cocina y limpieza. Las lavadoras, neveras y lava-

---

[78] La frase es de Fuller citado en Zung, Thomas (2010) Viviendas para el futuro. En Bukminster Fuller 1895-1983 AV monografias num 143. p.46-51

[79] JACKSON, Neil. *The Modern Steel House*. E& FN Spon. Champan & Hall. Londres. 1996. p.45.

[80] ARAUJO, Ramón, SECO, Enrique. *La casa en serie*. Ediciones Mairea. Madrid 1986. p.109.

vajillas son elementos cotidianos y accesibles a la mayoría gracias a la producción industrial.

La tecnología aplicable a la vivienda se encuentra en su máximo apogeo.

Las necesidades de vivienda del Plan de Defensa da un nuevo empujón a la vivienda industrializada.

> Se ha estimado que durante un periodo de diez años, se necesitarán un millón y medio de casas al año para mitigar el urgente problema de la vivienda en Estados Unidos. A causa de la guerra, como mínimo cincuenta millones de familias necesitarán alojamiento en todo el mundo. (...) La industria a gran escala parece ser el único recurso lógico para lograr una empresa de tamaña proporción.[81]

Ahora sí se dan las condiciones perfectas para adecuar la casa a su tiempo utilizando la tecnología disponible para resolver el problema planteado. Durante el periodo bélico se producen 200.000 viviendas industrializadas. Esto permite a los industriales entrar en operaciones de gran escala, aportándoles liquidez para invertir en infraestructura. Se aprende a optimizar los procesos y a controlar las operaciones en su totalidad.

De 30 empresas activas en la producción de vivienda en 1940 se pasa a 100 a finales de 1941[82] Un estudio del gobierno entre esas empresas, elige 35 posibles candidatas para la realización de 27.450 viviendas en el plazo de 90 días desde la orden de encargo. Las empresas comienzan a producir a un ritmo de varios cientos de vivienda al mes.

En 1942 se crea la Prefabricated Home Manufacturers' Association, establecida con el fin de divulgar información, establecer estándares industriales, mejorar métodos de manufactura, realizar estudios aplicables en el sector y servir de medio para el intercambio de ideas.

La propaganda hecha por medios de comunicación sobre la casa del futuro y sus bondades, los proyectos demostrativos patrocinados por

[81] EAMES, Charles. ¿Que es una casa? ¿Que es el diseño? Editorial Gustavo Gili. Barcelona. 2007. p.9
[82] KELLY, Burnham. op.cit. p.60

fabricantes de materiales, electrodomésticos, revistas, universidades etc crea una imagen optimista que eleva de manera exagerada las expectativas hacia las posibilidades de la industria en la producción de la casa. El público espera con gran interés la vivienda del futuro.

A medida que se va acercando el final de la contienda, se suceden artículos y concursos sobre esta temática. En Septiembre de 1942, *The Architectural Forum* publica las ideas de 33 arquitectos y diseñadores para el concurso *The New House 194x* donde la x representa el supuesto año del fin de la segunda guerra mundial.

> Teniendo en cuenta el tremendo incremento de la capacidad productiva que la guerra ha traído consigo, la eliminación de prácticas restrictivas, la disponibilidad de nuevos materiales y métodos de producción, estándares de iluminación novedosos, sistemas de confort térmico y ambiental, etc, ¿como puede convertirse la casa de 194x en el bien de consumo más preciado en el mercado competitivo de postguerra?[83]

La vivienda comienza a verse como bien de consumo producida por la industria, utilizando los avances tecnológicos propiciados por la Segunda Guerra mundial. Una idea flota en el ambiente: Un nuevo modo de vida tendrá un nuevo modelo de vivienda y esta será creada por la industria, al servicio de la vida de posguerra, donde la vida sera fácil y brillantemente feliz, el walhalla de los ex-combatientes americanos.

En 1943 la revista Arts and Architecture convoca el concurso *Design for post war living*. En 1944 la misma revista dedica su número de febrero enteramente a la prefabricación de viviendas como solución de posguerra para la vivienda de la clase media.

La reconversión de la industria bélica en industria productiva para tiempos de paz da como resultado la utilización de antiguas fabricas de aviones en fábricas de vivienda.

Eslóganes como *The Airplane Helps to Build this House* o *After Total War Comes the Total Living* presentan a los ciudadanos la conversión

---

[83] Anuncio del concurso para la casa de 194x *Architectural Forum*. Septiembre de 1942. En: JACKSON, Neil. *The Modern Steel House*. E& FN Spon. Champan & Hall. Londres. 1996. p.45

del sector aeronáutico suministrador del nuevo confort asociado al habitar.[84]

Es el caso de la *Packaged House,* la casa *Wichita,* la casa *Lustron* en Estados Unidos o las *Airoh houses* en Inglaterra cuyo nombre es el acrónimo de Aircraft Industry Research on Housing.

El departamento de defensa nacional debería hacer por la prefabricación lo que durante la primera guerra mundial hizo por la industria de la aviación.[85]

Realmente el impulso industrial de la primera guerra mundial se transfirió con éxito a la industria del automóvil, ahora le debería tocar el turno a la vivienda. Todo parece preparado para que el sueño de la Casa Industrializada se convierta en una realidad.

En aquel ambiente, entre 1943 y 1948 Walter Gropius y Konrad Wachsmann, ya en la costa oeste de los Estados Unidos, desarrollan la Packaged House, un sistema de construcción de vivienda mediante paneles de madera que con un mismo panel y una unión universal resuelve la construcción de suelos paredes y techos siendo capaz de adaptarse a múltiples configuraciones. A pesar de los numerosos apoyos financieros e institucionales recibidos, el sistema se declara incompetente para sobrevivir económicamente en el libre mercado, sin llegar al objetivo de 10.000 viviendas año, produciendo apenas 200 y vendiendo solo algunas de ellas. Es el ejemplo de la historia "oficial" de la arquitectura que más cerca estuvo del modo de producir casas como automóviles.

Aún quedan cuatro años para que se cumplan las predicciones de Fuller sobre el desarrollo de la industria necesaria para la construcción de su proyecto Dymaxion. En 1944 se pone a su disposición unas antiguas fábricas de la empresa Beech Aircraft, fabricante del los bombarderos b-29, situada en Wichita, Kansas, con todo su equipo para desarrollar en dos años su idea de vivienda ligera en aluminio reproducible en masa planteada anteriormente. La Dymaxion Dwelling Machine, conocida como la casa Wichita, es resultado de esta investigación.

---

[84] HERREROS, Juan. *L.A. 1945.* en: ESGUEVILLAS, Daniel. op.cit. p.11
[85] Architectural Forum 1940 en Herbert. op.cit. p.238

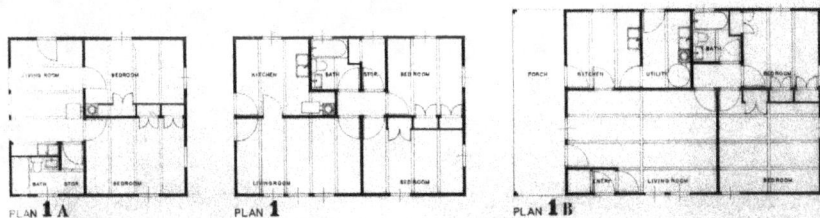

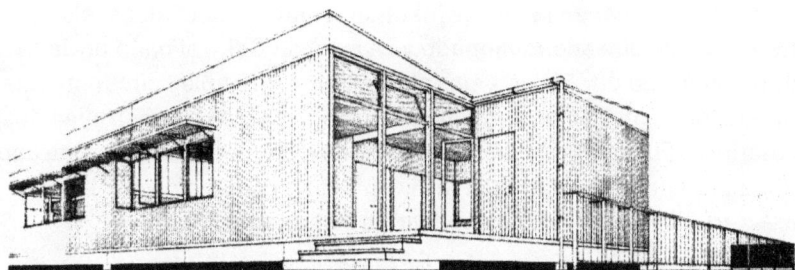

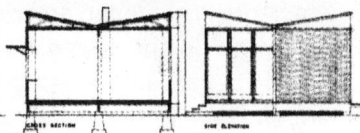

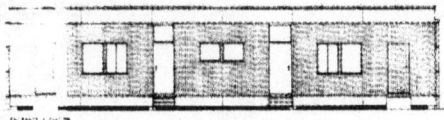

La Packaged House. 1943. Konrad Wachsmann y Walter Gropius utilizarán las instalaciones del fabricante de aviones Lookhead en Burbank, California.

75

La casa Wichita, la actualización realizada por Fuller de la casa Dymaxion salió de la fábrica de Beech Airkraft en Kansas, los fabricantes del tristemente famoso b-29.

La vivienda transforma la planta poligonal de la primera Dymaxion en una planta circular en la que se instalan armarios mecánicos, sistemas integrados de aire acondicionado y Dymaxyon Bath, el baño prefabricado patentado por Fuller. Lamentablemente, múltiples circunstancias impiden que entre en el mercado de vivienda y solo se construyen dos prototipos. Fuller sigue considerando que la industria aún no esta capacitada para poner en mercado la vivienda un producto de semejantes características y que serán necesarios 7 años más.[86]

Estados Unidos es el gran motor de la Casa Industrializada en esta época. Ante la sociedad americana se abre la promesa de una nueva vida cargada de optimismo. La potente industria americana que otorga la victoria bélica, será el vehículo para una vida mejor. El modo de vida americano comienza a construirse en ese momento en una vigorosa clase media con cierto poder adquisitivo. Los debates sobre la vida de postguerra son constantes.

Para aportar algo más que opiniones y proyectos teóricos al debate de como deberá ser la casa americana de postguerra, John Entenza editor de la revista Arts and Architecture, lanza en1945, en Los Ángeles, Cali-

---

[86] BALDWIN, J. *Bucky works. Buckminster Fuller´s ideas for today*. Wiley, Nueva York. 1996.

arts & architecture

JANUARY

ANNOUNCING THE "CASE STUDY" HOUSE PROGRAM

fornia, el Case Study House Program, destinado a promocionar una nueva arquitectura que sea reflejo de la nueva sociedad americana de posguerra, llena de optimismo y entusiasmo. El programa promociona la Casa Industrializada y participan entre otros Charles y Ray Eames, Craig Elwood, Pierre Koening, Ralph Rapson o Raphael Soriano. Como resultado quedan algunos de los proyectos y de las obras más emblemáticas en vivienda moderna industrializada, como es la propia casa de los Eames, la Case Study House #8 de 1949 o la CSH #21 de Pierre Koenig.

Charles Eames (1907-1978) aboga por la industrialización de la vivienda desde la posición optimista de los vencedores de la segunda guerra mundial. Defiende las ideas de Le Corbusier y Fuller basadas en la casa herramienta, contemporánea a través del uso de la tecnología. Un cobijo tecnificado en una sociedad tecnificada. La idea de la tecnología y la producción industrial unidas a un adecuado diseño es la base para garantizar el acceso a la población a productos de calidad es central en el pensamiento de los Eames que resumen este ideal mediante la frase "The best, for the most, for the least. Charles Eames escribe su alegato a favor de la casa industrializada en el texto *What is a House?* publicado en la revista *Arts & Architecture* en Julio de 1944:

Dada la enorme aceleración de la industria armamentística mundial, y partiendo de nuestra base industrializada, ahora sabemos que, en lo que se refiere al diseño, a la ingeniería y a la producción de la casa, la realidad sólo aguarda el deseo. Esto es, el deseo acompañado de nuestra buena disposición para volver a estudiar, a definir y a ajustar algunas de nuestras actitudes obsoletas respecto al nivel de vida y a los recursos de distribución. El único punto polémico consistirá escoger entre las cosas como son y las cosas tal como han sido.[87]

La industria americana, que había cambiado el curso de la guerra, cambiaría la forma de entender la producción de vivienda. La realidad industrial definiría ex-novo la vivienda americana, y el pasado quedaría

[87] EAMES, Charles. ¿Que es una casa? ¿Que es el diseño? Barcelona: Editorial Gustavo Gili, 2007. p.9-10

El Slogan de los Eames. Lo mejor, para la mayoría, al menor coste posible.

fijado en el tiempo. La victoria americana es una victoria basada en la tecnología y la capacidad productiva de su industria. Esa misma tecnología que les liberó de la amenaza fascista, liberará las vidas de los ciudadanos americanos a través de sus viviendas.

> La verdadera producción en serie se ha ganado el respeto de todo el mundo porque ha sido capaz de poner en sus manos las armas que han salvado vidas durante la guerra. Ahora el hombre sabe que la producción en serie adecuadamente dirigida y disciplinada no sólo salvará vidas, sino que también las liberará.[88]

La relación con la máquina ha cambiado desde la servidumbre del hombre a la máquina de la primera revolución industrial a un elemento de servicio al hombre tras la segunda guerra mundial. La tecnología entra por la puerta de la cocina en la casa americana de posguerra, en forma de electrodomésticos que liberan los habitantes de la casa de las tareas ingratas cotidianas.

[88] EAMES, Charles. op.cit. p.14

Debemos, pues, aceptar la máquina en la próxima era científica como algo con lo que vivir y no para lo que vivir.[89]

Esa máquina y esa industria liberadora resolverá las necesidades de vivienda. La realidad solo aguarda al deseo. La posibilidad de realizar viviendas a través de la industria solo necesita la voluntad de llevarlas a cabo.

La prefabricación en el verdadero sentido industrial es una aproximación real al problema de la vivienda, un acercamiento hecho posible AHORA, por primera vez, cuando industria, investigación y materiales existen en la correcta relación recíproca, haciendo posible una inteligente aplicación de estos recursos a las necesidades de vivienda.[90]

Es el momento. La Casa Industrializada lleva un siglo de historia, pero aún se espera que se convierta en una realidad generalizada en la sociedad:

Todavía debemos encontrar una razón válida que explique por qué construimos nuestras casas con criterios del pasado e ignoramos las técnicas del presente o la promesa del futuro.[91]

Esperemos que el lúcido pensamiento realista se abra paso entre los obstáculos que ahora sabemos que no tienen una base real o válida a la hora de examinar el problema de la vivienda en serie de calidad producida industrialmente.[92]

Charles Eames deja junto con su esposa Ray el legado de una de las piezas paradigmáticas de lo que la industria podía hacer por la vivienda con la construcción de su propia casa, la Case Study House #8. Realizada en 1946 mediante el ensamblaje de componentes de catálogo, buscando la mayor facilidad de los procesos, para construirse en el menor tiempo posible con el fin de otorgar al hombre el mayor bien del siglo XX, el ocio.

---

[89] EAMES, Charles. op.cit. p.13
[90] JACKSON, Neil. The Modern Steel House. E& FN Spon. Champan & Hall. Londres. 1996.
[91] EAMES, Charles. op. cit. p.11
[92] EAMES, Charles. op.cit. p.10

CSH #8. La exploración de los Eames para el Case Study House Program, sobre los límites de la Industria aplicada a la construcción de la vivienda individual. 1946.

Aunque llevan a cabo estudios de como realizar la casa contemporánea a través de la industria contemplado todo el contexto social, económico y productivo tal y como indica el esquema aparecido en la revista Arts and Architecture en 1944, lamentablemente, acaban abandonando la práctica arquitectónica para centrarse en el diseño industrial, campo que les permite utilizar las oportunidades de la industria para la creación de productos de calidad dirigidos a una pequeña mayoría afín a la cultura contemporánea. La Casa Industrializada pierde de esta manera dos aliados muy potentes para llevar a cabo el sueño de una arquitectura mejor uniendo la capacidad de los arquitectos y le industria.

Mientras tanto, la estimación previa de necesidad de vivienda que hace Charles Eames en sus alegatos se queda corta, en 1946 la cifra es de 3 millones de viviendas para suplir la carencia de posguerra. Ahora si, la imponente industria bélica reconvertida para la producción de vivienda debería suplir esta necesidad:

Viviendas de ensueño saldrían rodando de las líneas de producción a millones y de alguna manera finalizarían en vecindarios suburbanos detrás de setos de rosas y vallas pintadas de blanco.[93]

---

[93] KELLY, Burnham. op.cit. p.67

En 1946 Wilson Wyatt es nombrado responsable de vivienda y en 1947 establece un programa para la provisión de 2,7 millones de viviendas a través del apoyo a empresas privadas. El programa hace un especial énfasis en la reconversión de la industria bélica y busca multiplicar el potencial de las industrias productivas.[94]

En lugar de construir vivienda social en masa en forma de bloque de vivienda colectiva, el gobierno americano garantiza el acceso a la vivienda a sus ciudadanos[95] a través de la creación de un programa de hipotecas garantizadas dirigido casi exclusivamente a la vivienda unifamiliar.

El problema de la vivienda se resolvería de otra manera a como se hará en Europa. La naturaleza de la población y de su gobierno impulsa la producción de vivienda unifamiliar a través de empresas privadas que deben ofrecer un producto asequible y de calidad en una economía de libre mercado:

> El pueblo americano era más tendente al individualismo que a lo colectivo, así el desarrollo de la prefabricación no vino a través de constructores de grandes sistemas para edificación a gran escala, sino a los sectores involucrados con el mercado de la vivienda unifamiliar y los componentes y materiales necesarios para su manufactura.[96]

Las empresas privadas son las encargadas de ofrecer una solución al "problema de la vivienda" en lugar de solicitar la intervención del gobierno con vivienda social. Esta acción sería vista como un peligroso giro tendente al socialismo. Eso no es posible en la sociedad americana y la vivienda industrializada se ve como el arma capitalista frente a la amenaza socialista.

> Una solución sugerida al problema de la vivienda ha sido la vivienda pública. Temiendo que una función privada fuera asumida por

---

[94] KELLY, Burnham. op.cit. p.67

[95] ADAMSON, Paul y MARTY, Arbunich. *Eichler: modernism rebuilds the american dream.* Gibbbs Smith. Utah. 2002. p.91

[96] HERBERT, Gilbert. op.cit. p.219

los organismos públicos, algunos fabricantes se autodenominaron "baluartes contra la vivienda social"[97]

Lamentablemente el programa se cierra por la fuerte oposición política y deja tras de sí otro sonoro fracaso en el intento de fabricar y comercializar viviendas como si fuesen automóviles. Entre 1948 y 1950, Carl Strandlun, inventor de origen Sueco consigue uno de los préstamos del gobierno americano de 15,5 millones de dólares[98] para crear una compañía que fabrique y comercialice viviendas industrializadas, la Lustron Home.

Lustron adquiere una antigua fábrica de aviones de guerra en Ohio y reconvierten la maquinaria con la intención de fabricar viviendas de bajo coste empleando estructura de acero y paneles metálicos vitrificados como cerramiento. El objetivo es batir en precio y calidad a las viviendas tradicionales construidas con balloon frame. Las viviendas son convencionales en todo salvo que están completamente revestida en acero vitrificado, particiones interiores incluidas.

Finalmente, el sistema no es tan eficaz como se estima en un principio la vivienda consta de demasiadas piezas, la logística de entrega y montaje es excesivamente complicada. Pese al apoyo del gobierno, la compañía "solo" vende 2500 unidades. Con las líneas de montaje instaladas y las máquinas fabricadas, no tiene capacidad para rediseñar la producción y quiebra en 1950.

Siguiendo con la reconversión de las empresas aeronáuticas americanas tras la segunda guerra mundial, algunas de éstas se redirigen al mundo del trailer. Spartan Aircraft Company es una de ellas e incorpora la tecnología aeronáutica a la producción de casas móviles. La compañía Tusla con base en Oregón fabricaba estructuras de entramado ligero metálico recubiertas de planchas de aluminio ribeteado, según el sistema monocasco inventado por William Hawley Bowlus en los años 30. El Spartan fabricado en 1947 es el primer trailer expresamente diseñado como una vivienda.[99]

---

[97] KELLY, Burnham. op.cit. p.96

[98] DAVIES. op.cit. p.57

[99] ARIEFF, Allison. *Prefab*. Gibbs Smith, Publisher. Utah. 2002. p.24.

Casa Lustron en piezas. El montaje resultó demasiado complica-
do, una vez establecida la cadena de producción no fue posible
rediseñarla. Una de las grandes trabas de la producción en serie.

La casa Lustron. 1948-1950. Unas
2500 vivienda fabricadas antes
de cerrar. Hoy en día aún en pie
se han convertido en un icono de
la cultura de los 50.

Spartan Trailer de Spartan
Aircraft Comapny, Primer trailer
expresamente diseñado como
vivienda.

Se abre de este modo un mundo fascinante para el binomio industria
y vivienda. En lugar de partir del concepto de casa desde la tradición
e intentar llevarla a cabo industrialmente, se parte de la industria para
conseguir un entorno habitable, tecnológico y accesible. La industria
del mobile home había tenido un considerable impulso durante la
segunda guerra mundial donde el gobierno federal compra 38.000 unidades, y lo seguirá teniendo en la posguerra como solución de bajo
coste para el alojamiento de veteranos de guerra. Vivir en un mobile
home es considerado como un hecho patriótico.[100]

En Europa, mientras tanto, la industrialización de la vivienda ha segui-
do los pasos de las producciones de paneles de hormigón para grandes desarrollos de vivienda social en masa. El caso de la vivienda uni-

[100] DAVIES, C. *The prefabricated home*. Reaktion Books. Londres.2005. p.74

Airoh Houses

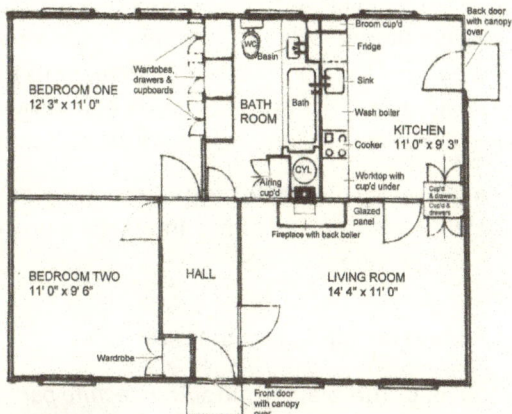

familiar no tiene el extenso campo que existe en Estados Unidos pero las necesidades de reconstrucción propician el desarrollo de varios sistemas entre los que cabe destacar el de las casas Airoh en Gran Bretaña conocidas como Alluminium Bungalow.

En este caso, antiguas líneas de ensamblaje de Spitfires se reconvierten en productores de vivienda capaces de ensamblar una vivienda cada 12 minutos en cinco fábricas en Gran Bretaña. Las viviendas están realizadas con estructuras de aluminio revestidas con paneles de aluminio remachados, rellenos con cemento aligerado con aire y acabados al interior con panel de yeso. La Airoh sigue el modelo de casa realizada por secciones similar a las de la Tenesse Valley Authority. Con el apoyo del gobierno se fabrican 54.000 viviendas en los 10 años que dura el proyecto.[101]

[101] KELLY, Burnham. op.cit. p.72

En Francia, la industrialización sigue el camino del hormigón y la vivienda para las clases medias y bajas se pretende resolver con grandes conjuntos de vivienda colectiva, pero existe una figura que trabaja contracorriente llevando al límite el ideario abandonado por Le Corbusier de realizar vivienda a través de la industria: Jean Prouvé.

Jean Prouvé (1901-1984), Ingeniero y herrero de formación, apuesta por una vivienda realizada en la industria y no solo mediante componentes industrializados.

Il faut les maisons usines.[102]

Prouvé, prefiere el término *Architecture par l'industrie,* Arquitectura a través de la industria. No solo significa arquitectura que procede de la fábrica, sino una arquitectura que en su más intima concepción pertenece a la cultura tecnológica que asociamos con la sociedad de la máquina, una arquitectura realizada del mismo modo que otros productos industriales. Prouvé denuncia la falta de adecuación entre los métodos de producción existentes y la forma en la que se realiza la arquitectura:

Salvo dos o tres ejemplos casi todo se construye como hace un siglo. No solo con los mismos materiales sino de la misma forma, haciendo viviendas que no están en sintonía con su tiempo.[103]

Esto es lo que está lastrando la arquitectura, lastrando la edificación en comparación con el rápido progreso que están realizando todas las demás clases de producción industrial, cualesquiera que sean.[104]

---

[102] Son necesarias las casas fabricadas. Jean Prouve. Conferencia dada en Nancy. El 6 de Febrero de 1946 publicada en Reichlin, B (2006) *Jean Prouve: the poetics of the technical object.* Vitra Design Museum.

[103] Jean Prouvé, *il faut des maisons usinées* Conferencia en Nancy. 1946 publicada en: Von VEGESACK, A (Gen Ed) DUMONT, C. REICHLIN, B- (Eds) Jean Prouvé, The poetics of the technical object. Vitra Design Museum. Weil am Rhein. 2006. p.176

[104] REICHLIN, B Technical Thought, Techniques of thinking. *En Jean Prouvé, The poetics of the technical object.* Vitra Design Museum. 2006. p.32

"Construir la vivienda con componentes similares a la fábrica Citröen o el fuselaje de un avión". Jean Prouvè

Cualquier objeto salvo la arquitectura, está hecha por un único organismo, una entidad industrial, una empresa de negocios. Lo que tenemos aquí es una enfermedad: entender que un edificio es el único objeto hecho por una profesión cuya situación es independiente, por una especie de ley. [105]

Su trabajo se centra en la utilización de chapa de acero conformada para la realización de estructuras ligeras y paneles de cerramiento. Fascinado por el automóvil y los aviones fabrica viviendas como si fuesen carrocerías o fuselajes.

Construir la vivienda con componentes similares a la fábrica Citroën o el fuselaje de un avión.[106]

---

[105] Jean Prouvé 1946 en REICHLIN, Bruno Technical Thought, Techniques of thinking. En: *Jean Prouvé, The poetics of the technical object.* Vitra Design Museum. 2006.

[106] Jean Prouvé. *il faut des maisons usinées.* Conferencia en Nancy. 1946 publicada en: Von

En 1944 desarrolla el prototipo 6x6 para refugiados con estructura metálica y cerramiento de madera. En 1949 presenta la Maison Tropicale una vivienda realizada mediante componentes, transportable empaquetada por avión con destino a las colonias de la que desarrollará tres prototipos.[107]

Este mismo año recibirá el encargo por parte del Ministerio de Reconstrucción Francés de desarrollar un modelo de vivienda de bajo coste para ser producido en serie. El gobierno financiará la construcción de 14 viviendas que se situarán en un terreno a las afueras de Paris en Meudon.

Prouvé desarrolla un sistema de construcción, basado en la experiencia de los barracones 6x6. mediante ensamblaje de componentes de producción propia realizados en aluminio y estructura de acero, que permite construir una vivienda en 48 horas. Aunque el Atelier Jean Prouvé diseña incluso la planta de producción en serie de las viviendas, el gobierno francés apostará finalmente por la industria de la vivienda en masa de grandes desarrollos de hormigón.

La industria del aluminio no apoya financieramente el proyecto y las casas Meudon, que deberían ser a la Casa lo que el 2CV al automóvil, quedan simplemente en un proyecto piloto en las afueras de París. Prouvé tiene que abandonar su propio taller dos años después de la finalización del proyecto empujado por los nuevos accionistas que habían entrado en su compañía.

Aunque la obra de Prouvé no es significativa en términos cuantitativos, si que lo es desde un aspecto cualitativo. Supone una figura que defiende la Casa Industrializada, repetible y ligera, aislada en un mar de hormigón, de sus enseñanzas nacerán algunos proyectos más adelante.

VEGESACK, A (Gen Ed) DUMONT, C. REICHLIN, B- (Eds) Jean Prouvé, The poetics of the technical object. Vitra Design Museum. Weil am Rhein. 2006. p.176

[107] Uno de ellos puede ser visitado en la cubierta del Pompidou en Paris.

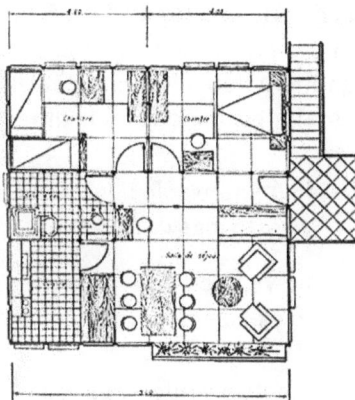

Casas Meudon. Jean Prouvè. 1944.

1940-1950 | La casa en la sociedad de consumo

En los años 40, especialmente en Estados Unidos, se gestará el nacimiento de una nueva sociedad, que ve la luz tras una década de crisis económica y guerra mundial. La industria bélica ha sido transformada en industria para la paz, ahora, toda esa enorme capacidad productiva tiene que ser absorbida por la sociedad en forma de consumo. A partir de este momento es necesario producir a los propios consumidores.

El problema fundamental del capitalismo contemporáneo ya no es la contradicción entre "maximalización de la ganancia" y "racionalización de la producción" (en el nivel del empresario), sino entre una productividad virtualmente ilimitada (en el nivel de la tecnoestructura) y la necesidad de dar salida a los productos.[108]

La ingente capacidad productiva de bienes necesita una capacidad de consumo proporcional. La sociedad no consume en tanto a una esca-

---

[108] GALBRAITH El nuevo Estado industrial, o, la era de la opulencia. En BAUDRILLARD, Jean. La Sociedad de Consumo. Sus mitos sus estructuras. Siglo XXI. Madrid. 2009. p.70

la de necesidades, la publicidad, a partir de este momento, dictará lo que la sociedad necesita. El 1 de Julio de 1941 se retransmite el primer anuncio publicitario en televisión.[109] La publicidad en esta década se establece como ciencia moderna.

El hombre solo llegó a ser objeto de la ciencia para el hombre cuando se hizo más difícil vender los automóviles que fabricarlos.[110]

La nueva sociedad naciente comienza a basar su existencia en el consumo y el ocio, aunque no exclusivamente, como afirma Touraine:

Efectivamente no se intenta afirmar que una sociedad postindustrial es la que, habiendo alcanzado determinado nivel de productividad y, por tanto, de riquezas, puede liberarse de la preocupación exclusiva por la producción y convertirse en una sociedad de consumo y tiempo libre.[111]

Pero como sostiene Schumacher:

La economía moderna, por otro lado, tiene al consumo como el único fin y propósito de toda actividad económica.(...) La economía moderna trata de maximizar el consumo por medio de un modelo óptimo de esfuerzo productivo[112]

Cómo mejorar la producción sigue siendo una preocupación en el ámbito industrial. A la producción en serie de Ford le surge la competencia de General Motors. Frente a la homogeneidad de productos impuesta por Ford: un modelo, un color; General Motors decide ofrecer variación en sus gamas de productos tanto en colores como en modelos, que serán renovados casi anualmente: General Motors busca la fascinación del producto por parte del consumidor a través del diseño,

[109] La cadena WNBC retransmitió un anuncio del fabricante de relojes Bulova antes del partido de béisbol entre los Dodgers de Brooklyn y los Filis de Filadelfia.

[110] Galbraith citado por Baudrillard en BAUDRILLARD, Jean. *La Sociedad de Consumo. Sus mitos sus estructuras.* Siglo XXI. Madrid. 2009. p.71

[111] TOURAINE, A. *La Sociedad Post-Industrial.* Editorial Ariel. Barcelona. 1969. p.5

[112] SCHUMACHER E.F. *Lo pequeño es hermoso.* H.Blume. Madrid. 1978. p.49

El Lasalle de Chevrolet es el primer coche "diseñado" por un diseñador industrial. Harley Earl. 1927.

la publicidad y la novedad continúa, radio incorporada, elevalunas eléctrico, aire acondicionado...

Los bienes de consumo no pueden buscar su eficacia únicamente en las formas de producción. La saturación del mercado fuerza a los productos a buscar valores más allá del bajo coste y la función, el diseño comienza a tener un valor relevante en la sociedad de consumo y los diseñadores industriales aparecen como valor pujante.

El crecimiento es el resultado, más que de la acumulación de capital solamente, de un conjunto de factores sociales. Lo más nuevo es que depende mucho más directamente que antes del conocimiento, y, por consiguiente, de la capacidad de la sociedad de crear creatividad.[113]

Raymond Loewy (1893-1986) es una de esas figuras destacadas en el diseño industrial. Nacido en Francia pero emigrado a los Estados Unidos, trabaja con múltiples compañías diseñando logotipos,[114] electro-

[113] TOURAINE, A. op.cit. p.7
[114] Lucky Strike por ejemplo.

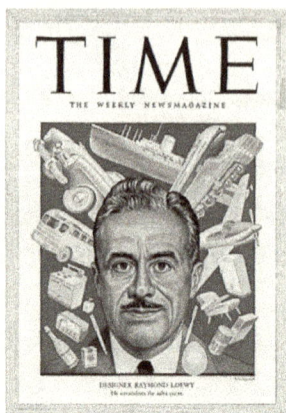

Raymond Loewy (1893-1986) Padre del diseño industrial moderno. "un buen diseño vende más" A la derecha su diseño para el Studebaker del 53.

domésticos,[115]automóviles,[116] locomotoras, aviones[117] y naves espacia-les.[118] Su principal argumento es que un buen diseño puede multiplicar las ventas de un producto, y así lo demostró.

En el ámbito de la Casa, una vez superadas las necesidades de recons-trucción de posguerra, la casa no escapará a las mismas lógicas que el resto de productos y a través de la producción industrial, la casa entrará en la sociedad de consumo como un bien más abandonando su existencia como bien dirigido meramente a la necesidad.

La casa puede convertirse en el bien de consumo más grande produ-cido por la industria tal y como se anunciaba en la presentación del concurso *The House of 194x*. La gran máquina industrial Americana, surgida de la segunda guerra mundial, producirá eficazmente las viviendas demandadas por la nueva sociedad, que adquirirá su casa de manera similar a como adquiere un automóvil. La producción de vivien-

---

[115] La nevera Cold Spot para Sears and Roebuck.

[116] Studebaker.

[117] El interior del concord.

[118] Sky Lab de la Nasa.

das estará en manos de los grandes industriales y dejará de pertenecer al ámbito de la artesanía que quedará solo al alcance de unos pocos. Vivienda en masa para un consumo en masa:

La casa americana se está convirtiendo en un producto y eventualmente todas las viviendas excepto aquellas para los más adinerados serán obtenidas de manera prefabricada.[119]

La Casa Industrializada comienza a verse de este modo no solo como un producto industrial sino como producto de consumo. Aunque la publicidad ha acompañado a la Casa Industrializada desde el *Portable Cottage* de John Manning en 1833, en los años 40 comienzan a utilizarse las modernas técnicas publicitarias a un nivel similar al de la industria del automóvil en el que un diseño diferenciador se considera como valor positivo.

La casa americana de postguerra se entiende dentro de ese contexto de consumo, de manera especialmente interesante, en la casa expresada por el Case Study House Program (CSHP). La casa refleja eficazmente la aplicación del pensamiento pragmatista: facilidad, industria e inmediatez, en el ámbito de la vivienda.[120]

La casa pragmática no solo adquiere una materialidad contingente, como la de los objetos de consumo, sino que toda se entiende como un superobjeto listo para el consumo. Un superobjeto que replica como automorfismo la cultura material de quienes la habitan.[121]

En este contexto, las casas del CSHP pretenden establecerse como un producto fascinante más, al mismo nivel que los muebles de Herman Miller, las cocinas electrodomésticadas o el automóvil del momento. El CSHP supone una ventana hacia un futuro a todo color desde una domesticidad previa relacionada casi exclusivamente con las necesidades básicas y las eficiencias de producción.

[119] Craig Elwood. 1957. En ARIEFF, Allison. *Prefab*. Gibbs Smith, Publisher. Utah. 2002. p.27
[120] Mc COY, Esther *Case Study Houses 1945-1962*. Ed Hennessey and Ingalls. Santa Monica. 1977. p.4
[121] ÁBALOS, Iñaki. La buena vida. Visita guiada a las casas de la modernidad. Gustavo Gili. Barcelona. 2000. p.184

Diseños de mobiliario de Herman Miller entre los que se encuentra el mobiliario de los Eames.

De esta manera se renueva la vocación de la Casa Industrializada como un producto de consumo. Como señala Beatriz Colomina respecto a la casa americana de posguerra:

> La arquitectura Moderna formaba parte de una fascinación general, tan atractiva y colorida como los otros productos de la Buena Vida: los coches, accesorios, la comida, los juguetes, el mobiliario, los vestidos y el césped. Era de hecho otro objeto consumible bien empaquetado, una imagen deseable, tan buena como para comérsela.[122]

Vocación que había sido interrumpida por las épocas de crisis en la que se ofreció como solución a una necesidad. La casa como producto de consumo opera en lógicas radicalmente diferentes a la casa como necesidad. Estas lógicas diferentes hacen que la esperanza depositada

---

[122] COLOMINA, Beatriz. *Domesticity at War*. Actar. Barcelona. 2006. p.6

La casa como objeto de deseo.
Pierre Koenig CSH#21 1958.
Fotografías de Julius Shulman.

por los gobiernos en la producción en masa para resolver el problema (la necesidad) de vivienda, no tenga sentido una vez desaparecida tal necesidad. La gente ya no necesita casas y no les basta con tener un alojamiento. La casa se convierte en un signo del estatus. La Casa Industrializada debe reinventarse o morir, ya no puede responder únicamente a la necesidad.

1950-1960 | América duerme. En Japón, amanece

En los Estados Unidos, durante la década de los años 50, se dan las condiciones perfectas para el pleno desarrollo de la Casa Industrializada, aún mejores que las de la década anterior: una potente industria reconvertida a partir de la gran industria bélica, un mercado inmobiliario en auge y grandes extensiones residenciales en la áreas suburbanas de las grandes ciudades accesibles ahora gracias a los planes de desarrollo de infraestructuras que comenzarán con la aprobación de la Ley de Autopistas Interestatales de 1956.

Esto bastaría para dar el impulso definitivo a la industria de la casa, pero aunque varios productores se consolidan y aumentan sustancialmente su producción favorecidos por el desarrollo de esta nueva infraestructura de transporte, la Casa industrializada continua su viaje sin la compañía de los arquitectos y sus deseos de vivir en un entorno fiel reflejo de la tecnología de su tiempo.

El ideal del sueño americano se representa en la casa tradicional ranch-style que uniforma a la sociedad en una imagen de domesticidad sin excesivas pretensiones, capaz de ser entendida y asumida por un espectro muy amplio de la sociedad, frente al producto más sofisticado desplegado por el CSHP.

En el año 1959, los Estados Unidos y la Unión Soviética deciden llevar a cabo un programa de intercambio cultural para templar un tanto la guerra fría entre ambos. Dentro de las medidas de acercamiento que se toman, cada país llevará a cabo una exposición de temática libre en el territorio del otro. Estados Unidos monta una exposición en Moscú en la que presenta su modelo de sociedad. Estados Unidos basa su mensaje, no en su potencia militar, la calidad de sus instituciones o los avances científicos que se han llevado a cabo en su país, Estados Unidos quiere mostrar a los rusos, como es el modo de vida americano *"¡The american way of life!"*, en el que la casa individual tiene un papel central. Una casa equipada con los más avanzados adelantos en equipamiento electrodoméstico, entre ellos la cocina "milagrosa" de Whirlpool.

Durante la visita oficial a la exposición y ante la cocina diseñada para la ocasión por Raymond Loewy, Richard Nixon con su homólogo ruso Nikita Jrushchov mantienen la célebre discusión de la cocina, en la que Jruschov expone que ellos ponen a los mejores ingenieros a desarrollar una lavadora que luego producen industrialmente en sus fábricas para que los ciudadanos rusos puedan tener de la mejor lavadora que se pueda disfrutar. Mientras, el presidente Nixon defiende que la superioridad americana reside en el ideal de la casa suburbana equipada

Miracle Kitchen de Whirpool.
La modernidad si tenía cabida en la cocina.

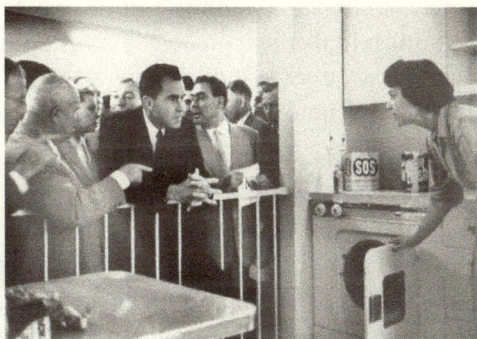

Richard Nixon y Nikita Jrushchov en el
célebre debate de la cocina. Moscú. 1959

con electrodomésticos modernos y en la libertad de elección del pue-
blo americano, frente a la vivienda social y los productos homogéneos
y sin variación soviéticos, por muy perfectos que estos que sean:

Para nosotros, la diversidad, el derecho a elegir, es lo más importante.
Nosotros no tomamos una decisión realizada por un oficial del gobierno, nosotros tenemos diferentes fabricantes y muchas clases de lavadoras de manera que el ama de casa pueda elegir.[123]

---

[123] Nixon citado en Colomina, Beatriz. Domesticity at War. Actar. Barcelona. 2006. p.55

Esto mismo podría haberse dicho de la casa americana, pero por aquellos años la casa esta comenzando a escapar del ideal de la producción industrial en la que sí caben los electrodomésticos y el automóvil. Si en la exposición de Moscú de 1959 se congrega lo mejor de la domesticidad americana, la idea de modernidad solo abarca a los electrodomésticos. El contenedor de esos electrodomésticos sin embargo corresponde con la típica casa suburbana de estilo campestre,[124] nada que ver con la moderna domesticidad impulsada por el CSHP.

Los fracasos de la Packaged House, la casa Lustron y la Wichita hacen desconfiar a los productores del papel de los arquitectos como garantes de éxito y de las posibilidades de la casa metálica, con lo que vuelven sus miras a la industrialización de la casa tradicional en madera, sin aparentes ambiciones estéticas ni tecnológicas. Compañías como National Homes se convierten en grandes productores de vivienda tradicional producida industrialmente bajo cadena de montaje utilizando el balloon frame y una imagen tradicional.[125]

En la segunda mitad del siglo XX, las aportaciones de Ford y Taylor comienzan a perder influencia en el sector productivo ganando fuertes críticas por la enajenación que produce en el trabajador que es considerado como una simple pieza más de la maquinaria industrial,[126] fácilmente sustituible y sin capacidad de aportar valor al producto. Por otro lado la lógica del consumo basada en la personalización y la diferenciación,[127] provocará el rechazo por parte del público de productos excesivamente homogéneos.

[124] Tras la exposición la casa es rediseñada por Loewy y bautizada como la Leisurama house y expuesta en Macy´s en nueva york. Para 1964 se haban vendido 250 viviendas a 9.999 dolares incluyendo todo el mobiliario e incluso cubiertos y papel higienico. En Colomina op.cit. p.55

[125] www.youtube.com/watch?v=5_0U8pTICpw https://www.youtube.com/watch?v=UOa-TQiGMr8o

[126] Véase por ejemplo la película de Charlot *Tiempos Modernos* (1936) o Touraine: "Desde hace ya mucho tiempo, las críticas de la llamada organización científica del trabajo han mostrado los errores a que conduce la reducción del trabajo humano a un encadenamiento de movimientos elementales y de la psicología obrera a una imagen empobrecida del homo oeconomicus." p.64

[127] BAUDRILLARD, Jean. *La Sociedad de Consumo. Sus mitos sus estructuras.* Siglo XXI. Madrid. 2009.

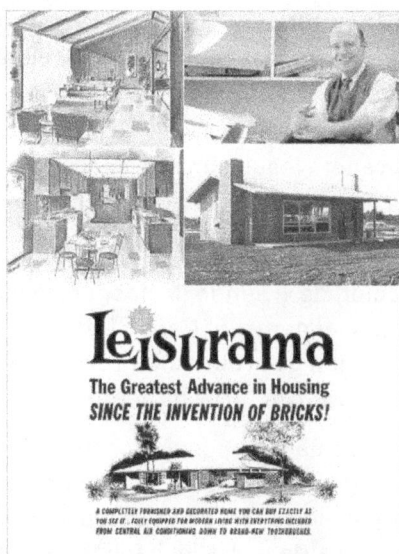

Leisurama House. A la venta en Macy´s en 1964 se vendieron 250 viviendas a un precio de 9.999 dólares, incluía todo el mobiliario, cubiertos y papel higiénico, y no es broma. Gusto popular para el consumo de masas.

Tiempos modernos. Chaplin 1936. Crítica al Taylorismo y a la alineación de la cadena de montaje.

La industria de la casa sufre un enfriamiento debido en gran parte por la disminución de la necesidad de vivienda de reconstrucción, el auge de un mercado inmobiliario en subida libre en la que los constructores no tienen ninguna necesidad de innovar, y el afianzamiento de la imagen de la casa del sueño americano como la casa sencilla y anónima de cubiertas inclinadas, porche, y paredes de tablas pintadas de blanco.

Hasta entonces la Casa Industrializada ha funcionado en un mercado de crisis, donde la necesidad urgente de vivienda actúa como demanda. La Casa Industrializada ofrece en este contexto rapidez de entrega y alto volumen de producción, con lo que parte con ventaja frente a la construcción tradicional. A partir de este momento la Casa Industrializada debe competir en un mercado libre en el que no hay especiales circunstancias que la favorezcan frente a la construcción tradicional.

Las primeras voces críticas empiezan a oírse, las promesas dadas por arquitectos e industriales deberían comenzar a ser una realidad pero eso no es así:

> Desde hace unas décadas hasta ahora resulta una paradoja que la nación con una industria más sana del mundo haya sido incapaz de proveer de vivienda adecuada a sus ciudadanos.[128]

En esta época aún sigue la producción de vivienda de posguerra, con los proyectos de Acorn y Airoh especialmente. El Case Study House Program entra en la segunda generación de arquitectos con proyectos que buscan sustituir la madera por las estructuras de acero.

Pero sí que hay algo que merece ser desatacado positivamente en Estados Unidos, un hecho que supone un gran avance para la industria de la Casa y es el verdadero fruto de la expansión de la red de autopistas: En 1954 Elmer Frey, de Marshfield Homes realiza un trailer habitable de 10 pies (3m) de ancho. El Ten-wide supone un punto de inflexión en la historia del Mobile Home. Este fue el momento en el que la línea entre vivienda y automóvil se cruza. El Ten-wide no es un automóvil, es ya una vivienda. Las ruedas le sirven para realizar probablemente el único viaje de su vida, de la fábrica a la plataforma de transporte y de esta al emplazamiento final. A partir de aquí comienza la industria en serio de lo que se denominará la casa del siglo[129] o el mayor éxito en la industrialización de la vivienda: la industria del Mobile Home, en la que los arquitectos no ven, ni entonces ni ahora, el enorme potencial que se despliega ante ellos.

Mientras tanto en Japón los sistemas industriales aplicados a la vivienda comienzan a dar sus pasos tras una larga recuperación postbélica. A finales de la década de 1940 otros dos productores del mundo del automóvil revolucionan los métodos de fabricación. Los japoneses Eiji Toyoda y Taiichi Ohno, de Toyota, desarrollan un sistema de producción evolucionado del método Ford que recibirá el nombre de Lean

[128] KELLY, Burnham. op.cit. p.95
[129] DAVIES, Colin. *The Prefabricated Home*. Reaktion Books. Londres.

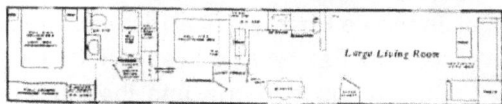

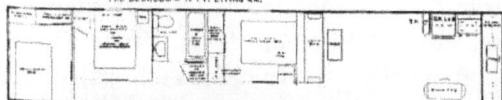

Ten Wide, la revolución en el mundo del mobile home. La verdadera aportación de los Estados Unidos a la Industrialización de la casa, injustamente denostado por los popes arquitectónicos.

Production[130] o producción ajustada o simplificada. El método se declara eficaz para conseguir una mayor calidad en menor tiempo permitiendo además la producción de series cortas y productos diversos. La producción Lean toma lo mejor de la producción artesanal junto con la producción en serie permitiendo a Toyota desbancar en 2008 a General Motors y a Ford como primer fabricante de automóviles del mundo con unas ventas de 2,41 millones de vehículos.

---

[130] La producción Lean es adoptada por numerosas empresas de todos los sectores de producción, no solo los automovilísticos, y su filosofía (que aporta una visión holística de la producción) se aplica no solo al sector productivo sino además a la dirección de empresas, creación de software etc en lo que se denomina Lean Thinking o pensamiento Lean.

EijiToyoda yTaichi Ohno. Artífices del métodoToyot, más conocido
como producción Lean.

En el Japón de Postguerra al igual que en Estados Unidos concurren
diversas circunstancias que suponen buena base para el desarrollo
de la Casa por la industria: una industria por reconvertir y carencia de
vivienda, una tradición constructiva basada en carpintería de madera,
un sistema tradicional de construcción mediante componentes compatibles: pilares, particiones (shojis), paneles interiores, tatamis, y una
cultura de renovación del parque de vivienda en cada generación.

Arquitectos japoneses formados en Europa importan el interés de trabajar con la industria como solución al problema de la vivienda y traducen
los sistemas japoneses a la producción industrializada. En 1941, Kunio
Maekawa, discípulo de Le Corbusier, desarrolla un sistema de prefabricación de vivienda denominado Premos, en el que manteniendo la
modulación del tatami utiliza paneles estructurales de tres shakus (90 cm
aproximadamente) realizados con nido de abeja revestido por paneles de
contrachapado. Se realizan más de 1000 unidades entre 1945 y 1952.[131]

Tras el desarrollo de la industria automovilística las empresas japonesas
se lanzan al mercado de la vivienda industrializada como extensión de
sus grandes grupos empresariales. En 1959 El departamento de materiales de construcción de Matsushita Electric co comienza a desarrollar
vivienda prefabricada en Japón. Más tarde cambiará su nombre a Pana-
homes, el departamento de vivienda del productor de electrodomésticos

[131] TADASHI OSHIMA, Ken. Postulating the Potential of Prefab:The Case of Japan. En:*Home
Delivery FabricatingThe Modern Dwelling*. Museum of Modern Art. Ed Birkhäuser. NuevaYork.
2008. p.33

Premos. Kuino
Maekawa. 1945.

japonés Panasonic. Poco más tarde, en 1960, se funda Sekisui House, que se convertirá en la principal empresa Japonesa productora de vivienda industrializada. A ellas se les suma National y Daiwa homes. Estas empresas japonesas se caracterizan por tener una fuerte estructura empresarial, con gran inversión en desarrollo, marketing y publicidad.

Pero a diferencia de lo sucedido en Estados Unidos y en Europa[132] donde la Casa Industrializada subsiste a duras penas o al margen de la historia oficial de la arquitectura, en Japón el paso de la Casa Industrializada como respuesta a una crisis a la Casa Industrializada como producto de mercado se realiza de forma efectiva. Las casas no solo se producen como si fuesen automóviles sino que se comercializan como tales, con anuncios en grandes medios de comunicación, oficinas comerciales y departamentos de ventas.

1950-1980 | All Plastic Houses. Future Houses

En la segunda mitad de los años 50 la industria del plástico busca un mercado para sus productos y patrocina el desarrollo de varios prototipos de vivienda construida enteramente con este material. Las All

---

[132] Exceptuando el caso de Suecia.

All plastic House. Ionel Schein 1956. The House of the Future A+P Smithson. 1957 y Monsanto House of the Future. 1957.

plastic Houses suponen en esta época la única alegría conceptual y el único resquicio de optimismo por un futuro mejor en la vivienda a través de la aplicación de las nuevas tecnologías.

En 1956 Ionel Schein arquitecto francés de origen rumano proyecta y construye la *All Plastic House*, simultáneamente Alison y Peter Smithson presentan la *House of the Future* y Monsanto inaugura en 1957 en Disneyland la *Monsanto House of the Future.* Todas estas propuestas combinan un nuevo material y una cierta idea formal de futuro: All plastic houses-future houses. La casa industrializada sigue siendo considerada una opción de futuro, un futuro con mucho pasado.

La década de los años sesenta y setenta, está marcada por el desarrollo de la industria del plástico que resultó un material resistente y duradero, ligero y, con el tiempo, económico. El mercado se encuentra de este modo, con un material abundante, asequible, resistente, flexi-

Futuro. Matti Suuronen 1968. Zip-Up enclosures. R+S Rogers. 1968.

ble, ligero, capaz asumir formas complejas y incorporar coloración en masa. Estas propiedades lo convierten en el material fetiche de una época capaz de crear por sí mismo un lenguaje formal propio estrechamente relacionado al espíritu cultural del momento.

Las industrias aerospacial y naval comienzan la utilización de sistemas de fabricación monocasco que tendrán su correlación en la arquitectura. La saga de las Future Houses continúa con la *Futuro House* (1968-1978) de Matti Suuronen. Una vivienda destinada al mercado de casas de vacaciones, transportable por barco, camión o helicóptero. Materializa la optimista idea de futuro en forma de ovni realizada en plástico reforzado con Polyester.

En esta misma línea, Su and Richard Rogers diseñan en 1968 la Zip-Up como propuesta para un concurso patrocinado por el fabricante de plásticos Du-pont. Se trata de un sistema constructivo para viviendas unifamiliares consistente en unos anillos realizados en plástico con un fuerte aislamiento interior. Las viviendas pueden incluir tantos anillos como sean necesarios. Los fuertes colores de la propuesta resultan un pop industrializado.

La coincidencia en tiempo con la cultura pop permitió a las all-plastic-houses explorar formas propias asociadas en muchos de los casos a una visión ideada de futuro. La economía, el colorido y las posibilidades formales ayudaron a este éxito. Lamentablemente, las crisis del petróleo de los años 1973 y 1979 acabó con las esperanzas depositadas en el plástico como el material del futuro para la vivienda del futuro, al poco tiempo de haberse declarado la era del pop en la producción de vivienda.

CAIDA Y AUGE DE LA CASA INDUSTRIALIZADA.

1980-1990 | Desesperanzas y héroes solitarios

A finales de los años sesenta y durante los setenta y ochentas, la idea de la casa para todos realizada por arquitectos, pierde fuerza y apenas se pueden rescatar un puñado de ejemplos significativos. La actividad constructora comienza a estar en claro declive, en los años 80 se llega a la cumbre de producción en el mercado americano, creando un excedente de oferta. Además, la vivienda industrializada no puede competir con la construcción convencional en obra que es cada vez más eficiente.[133] La Casa Industrializada sigue en proceso de experimentación por parte de los arquitectos sin conseguir una producción estable, o de éxito. Mientras, el mercado de vivienda industrializada convencional sigue su camino silencioso, produciendo viviendas y soportando compañías de pequeño y medio tamaño, especialmente en Estados Unidos.

A pesar del apoyo y la adhesión de los principales arquitectos del movimiento moderno, una vez superadas las necesidades de reconstrucción de posguerra, la construcción de la casa volvió a su reducto de artesanía y las costumbres, siguiendo su curso anclada en la tradición y lejos de las intenciones de la modernidad técnica. Las críticas a esta cuestión y las defensas de otro tipo de arquitectura son constantes:

> ¡Cuanta palabrería hemos escuchado estos últimos años acerca de la vivienda y su industrialización! Y al mismo tiempo, y por desgracia, ¡que pocos proyectos y realizaciones![134]

El estilo internacional, acabó precisamente siendo eso, un estilo, lo que había criticado en un origen. El discurso se quedó solo con los fundamentos estéticos: volúmenes puros, proporciones y composición; para olvidar los fundamentos técnicos y la ética de solucionar los problemas de su tiempo a través de los medios de su tiempo. La idea

---

[133] DAVIES, Colin. op.cit. p.68

[134] Jean Prouvé en la presentación del libro LEOZ, Rafael. *Redes y ritmos espaciales*. Blume. Madrid. 1969

de la Casa Industrializada a través de la arquitectura quedó abandonada en el momento en que se convirtió en un producto de mercado, en el que los arquitectos fallaron a la hora de dar una respuesta aceptada por el público. El arquitecto volvió a ocuparse de la casa como obra singular, dirigida a ser posible a una élite que pudiese pagarse el traje a medida y los servicios del sastre.

A finales de la década, el gobierno de los Estados Unidos lleva de nuevo un programa de apoyo a la producción industrializada de viviendas, la Operación Breakthrough. A partir del año 1969, el Housing and Urban Department convoca a una serie de empresas extranjeras para integrarlas en equipos multidisciplinares con la intención de invertir 72 millones de dólares para producir 25.000 viviendas.[135] Fueron seleccionadas un total de 22 empresas, 13 empresas de sistemas tridimensionales y nueve mediante paneles. La operación no incluye ninguna garantía del mercado, como mucho ofrece prioridades de financiación y una tramitación acelerada de los expedientes de permisos de obras. A pesar de su fracaso comercial la operación fue, en cierta medida, vector de innovación.[136]

Pero en general, los años 70 suponen el abandono de la idea de la Casa Industrializada por parte de los arquitectos o viceversa, la industria de la Casa sigue su camino sin contar con ellos. Ya no existe una necesidad imperiosa de vivienda o de vivienda. Los arquitectos en muchos frentes han sido hallados como seres insensibles a las necesidades del mercado,[137] algunas veces fascinados por la perfección intelectual de sus propuestas en las que el público objetivo no tiene cabida o no está cualificado para juzgar sus creaciones.

Con el transcurso de los años las esperanzas se van tornando en desesperanzas. El futuro deseado, brillante y tecnológico en el que la vida se desarrollaría sin esfuerzo, en el que las máquinas trabajarían a nuestro favor no acaba de llegar. Las desesperanzas se acompañan de incredulidad o la perplejidad:

[135] DAVIES, Colin. op.cit. p.82

[136] BERNARD, Paul. *La construcción por componentes compatibles*. Editores técnicos asociados. Barcelona. 1983. p.410

[137] Esta idea es defendida por Herbert y Davies, especialmente este último en sus respectivos libros.

Hoy en día prácticamente todo el mundo cree que la vivienda industrializada resolverá el problema. Pero si por mucho tiempo la gente lo ha considerado así, si ésta ha sido la política del gobierno durante años, si lo han creído también los fabricantes más importantes y lo han querido los mejores arquitectos, cabría preguntarse ¿por que todavía no está en marcha? ¿como es que la situación de la construcción empeora de año en año mientras los constructores siguen hablando de la industrialización? ¿como es posible que la mayoría de otros sistemas de fabricación se hayan industrializado hasta el punto en que el problema ha resultado el de la superproducción y no la subproducción? ¿Acaso esta "gran idea de la industrialización sea inadecuada a nuestra situación? ¿Por qué hasta la fecha la industrialización ha contribuido tan poco a resolver los problemas de la construcción?[138]

La casa sigue siendo territorio hostil a las ideas de la industrialización. La espectacular distancia existente entre los métodos de producción de la industria en los casos de automóviles, barcos o aviones y la vivienda, asombra a críticos y arquitectos. La construcción de vivienda sigue a la cola del progreso industrial, una construcción anclada en procedimientos cuando menos de principios de siglo.

Pero que una idea no haya funcionado en un momento puede que sea responsabilidad del momento y no de la idea. Aunque el sueño no se haya hecho realidad, las esperanzas aún siguen vigentes. Nuevas generaciones toman el relevo en esta tarea y ven cercano el momento en que la industria entre en la vivienda:

El golpe se ha dado y la industrialización total de la vivienda individual debe realizarse dentro de los diez o quince próximos años y no quedarán "hechas a mano" más que las casas de lujo.[139]

La separación entre arquitectura y tecnología sigue siendo tan evidente que su unión solo puede ser una cuestión de tiempo:

[138] BENDER Richard. *Una visión de la construcción industrializada*. Barcelona. Ed Gustavo Gili.1976. p.23
[139] BLACHÈRE, Gerard. *Tecnologías de la construcción industrializada*. Editorial Gustavo Gili, Barcelona. 1977.

Antes o después la industrialización se producirá, no solo como resultado de una decisión política, o una situación que justifique su rentabilidad, sino porque es imposible prever un futuro que deje eternamente de lado lo que es un proceso de evolución forzoso.[140]

No realizar esta unión sería incluso ir contra la naturaleza del hombre:

Alejarse de la industria y de las posibilidades que los nuevos materiales o sistemas pueden proporcionarnos es alejarse del hombre y de la cultura que éste ha creado. [141]

O respondería a cuestiones fuera de toda lógica:

De hecho la necesidad de industrialización de la construcción existe hoy en día en el mundo entero, y no conozco ningún país que pueda pretender resolver sus problemas de construcción con la mano de obra artesanal de que dispone. Unicamente donde no se construye no existe este problema. [142]

Pero en el ámbito de la Casa Industrializada la frustración sigue presente. Desde las promesas de las revoluciones industriales, la construcción de la casa apenas ha cambiado, el sueño de la casa Industrializada no se ha hecho realidad.

La implicación estaba clara. Lo que podía ofrecer la nueva arquitectura también lo podría ofrecer el coche. Pero 60 años más tarde, mientras que el coche ha cambiado hasta hacerlo irreconocible, la arquitectura ha retrocedido a la imagen de tejados inclinados, porches y ventanas de casas de muñecas.[143]

A finales de los años 70 y década de los 80 los arquitectos vinculados al high tech, retoman la relación arquitectura-industria. Esta relación es

[140] PEREZ ARROYO, Salvador. Introducción en ARAUJO, Ramón, SECO, Enrique. *La casa en serie*. Ediciones Mairea. Madrid 1986. p.I

[141] PÉREZ ARROYO et al. Industria y Arquitectura. Ediciones Pronaos. Madrid 1991. p12

[142] BLACHERE, Gerard. op.cit. p.12

[143] JACKSON, Neil. The Modern Steel House. E& FN Spon. Champan & Hall. Londres 1996. p.3

Almere House. Benthem Crouwel Architects. 1982-1984 Ganadora del
concurso Unusual Homes. La Casa Industrializada se sigue viendo como un
producto raro y experimental.

evidenciada no solo por la utilización de materiales y una determinada
imaginería sino, en algunos casos, que no siempre, además por el uso
de los mismos procesos.

Entre 1982 y 1984 el concurso "Unusual Homes" premia un proyecto
del estudio Benthem Crouwel Architects. Los concursantes debían
presentar una vivienda sin necesidad de adecuarse a la regulación
edificatoria. Se construye un prototipo de la propuesta ganadora.
La vivienda lleva al extremo la idea de ligereza de los materiales asociada a una imagen determinada de levedad. Se sustenta sobre un
entramado de pilares diagonales sobre los que un cerramiento de
cristal soporta una cubierta plana realizada con chapa grecada. La
vivienda ocupará un solar cedido por la organización del concurso
durante cinco años con lo que el diseño tiene en cuenta el desmontaje de la estructura. Aunque la vivienda tiene grandes posibilidades
de ser producida en serie, no se pasa de la fase de prototipo.[144]

---

[144] BERGDOLL B. y CHRISTENSEN P (Ed) "Home Delivery Fabricating The Modern Dwelling". Museum of Modern Art. Ed Birkhäuser. Nueva York. 2008. p.164-165

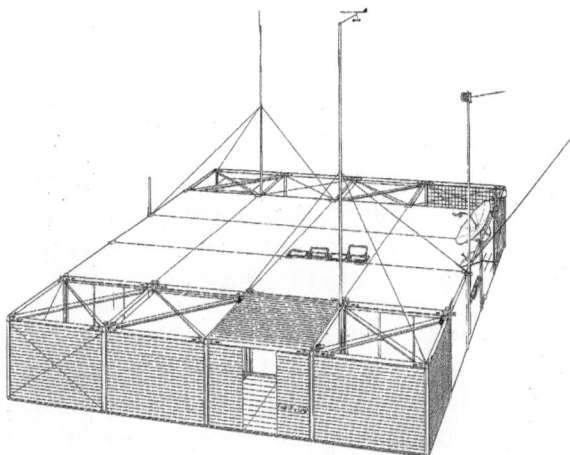

Yatch House. Richard Horden. 1983. La tranferencia de la industria
naútica a la producción de la casa.

En esas mismas fechas y como fruto de una transferencia tecnológica
con la industria náutica y de la precisión que esta industria permite,
Richard Horden desarrolla en 1983 la *Yatch House*. La vivienda está ins-
pirada en la fabricación y montaje del velero de clase olímpica Tornado.
Se trata de un sistema de componentes en Kit: postes de aluminio,
tensores de acero, paneles ligeros y lonas, que permite la autoconstrucción. Se construyeron diversos modelos tanto para vivienda como para
el sector terciario pero no se pasó de la venta de unas pocas unidades.

1980-2000 | España. Pioneros locales

En el caso español, cabe destacar el pensamiento y la obra de dos figuras extrañas en el contexto local, Alejandro de la Sota y Rafael Leoz.
En ambos arquitectos el interés por la aplicación de la técnica más
avanzada posible en la arquitectura se extiende a toda la práctica de su
profesión, además, en el caso de Sota tiene una aplicación directa al
tema de La Casa Industrializada mientras que con Leoz se busca más
la aplicación a la vivienda social.

Rafael Leoz (1921-1976) es una rara avis del panorama arquitectónico español. Ensalzado por Le Corbusier[145] o Mies Van der Rohe y colocado en un rincón del olvido en la historia de la arquitectura española. Crea la fundación Rafael Leoz para la Investigación y Promoción de la Arquitectura Social, con el intento de reunir a industriales, instituciones y arquitectura. Comparte con Prouvé[146] la idea del advenimiento de una nueva era basada en una arquitectura realizada por la industria:

> Estamos convencidos de que vamos a entrar en un nuevo y esplendoroso renacimiento de la Arquitectura y de todas las artes y técnicas complementarias; pero este renacimiento no lo podremos alcanzar por otro camino que no sea el de hacer uso masivo de los medios que están caracterizando nuestra civilización, y los principales de estos medios actuales son, sin duda, la técnica y la gran industria.[147]

> Paralelamente, la sociedad aceptará entonces la nueva Arquitectura por las indiscutibles ventajas que obtendrá, lo mismo que abandonó el coche de caballos, aceptando masivamente los modernos medios de transporte.[148]

> Un razonamiento frío nos lleva al convencimiento de que, en un futuro no lejano, las posibilidades que se abrirán ante nosotros con los nuevos materiales y los nuevos medios de fabricación y puesta en obra serán tan extraordinarios que nuestra imaginación actual se quedará corta ante la realidad futura.[149]

> Es necesario un replanteamiento de las ciencias sociales aplicadas al hábitat. Es necesario una reestructuración de la industria de la construcción creando vinculaciones más efectivas entre las tecnologías de

---

[145] "El módulo de Leoz es tan importante para la arquitectura de hoy como lo fueron mis ideas de los años veinte al treinta" Le corbusier en LEOZ, Rafael. *Arquitectura e industrialización de la construcción*. Fundación para la Investigación y promoción de la Arquitectura Social. Madrid. 1981. p.44

[146] Que prologará el libro LEOZ, Rafael. *Arquitectura e industrialización de la construcción*. Fundación para la Investigación y promoción de la Arquitectura Social. Madrid. 1981

[147] LEOZ, Rafael. *Redes y ritmos espaciales*. Blume. Madrid. 1969. p.209

[148] LEOZ, Rafael. *Redes y ritmos espaciales*. Blume. Madrid. 1969. p.31

[149] LEOZ, Rafael. 1969. op.cit p.29

Rafael Leoz. Módulo L.

producción y las de montaje. Es necesaria una nueva forma de concebir y hacer arquitectura.[150]

La aportación más interesante que realiza a la industrialización de la arquitectura es la investigación sobre la relación entre medida e industria con la búsqueda de una coordinación dimensional de aplicación industrial expuesta en su libro *Ritmos y redes espaciales*. Esta investigación se completa con la creación de un módulo, el modulo L, basado en cuatro prismas de planta cuadrada dispuestos en L mediante cuyas combinaciones pudiese generar infinitas configuraciones espaciales.

Lamentablemente la muerte prematura de Leoz truncó una vocación y una fuerza dirigida hacia la industrialización de nuestra arquitectura. La fundación Leoz no sobrevivió a esta muerte.

Alejandro de la Sota (1913-1996) abraza la fe de una arquitectura realizada por los medios de su tiempo:

Puede desarrollarse nuestro trabajo profesional sin que represente más esfuerzo que el de su propia realización, pero cuando este ejerci-

---

[150] LEOZ, Rafael. *Arquitectura e industrialización de la construcción*. Fundación para la Investigación y promoción de la Arquitectura Social. Madrid. 1981. p.16

Alejandro de la Sota. "Deberá llegar una arquitectura industrial, modular y simplificada. No lo que se hace hoy".

cio de la profesión está comprometido con ella misma, lleva consigo
implícita la necesidad de un conocimiento de lo que sucede hoy y una
respuesta a este suceder. (...) Existen nuevas, novísimas necesidades;
existen novísimos medios para satisfacerlas.[151]

Tras una primera etapa en la que experimenta con los prefabricados de
hormigón con el proyecto residencial de la casa Varela, Sota seguirá a
distancia las enseñanzas de los arquitectos americanos de los años 50
y los exiliados Mies, Breuer y Gropius, es entonces cuando decide abo-
gar por una arquitectura física en lugar de una arquitectura química,
una arquitectura basada en el montaje en seco, frente a una arquitectura de la obra húmeda.[152]

[151] Alejandro de la Sota (1970). Memoria a la cátedra de elementos de composición. En
PUENTE, Moises (ed) *Alejandro de la Sota. Escritos, conversaciones, conferencias.* Gustavo
Gili. Barcelona. 2002 p.xxx

[152] PUENTE, Moises Tiempo 2. Arquitectura Física. En: ÁBALOS, I. LLINAS, J. PUENTE, M
Alejandro de la Sota. Fundación Caja de Arquitectos. Barcelona. 2009. p.100

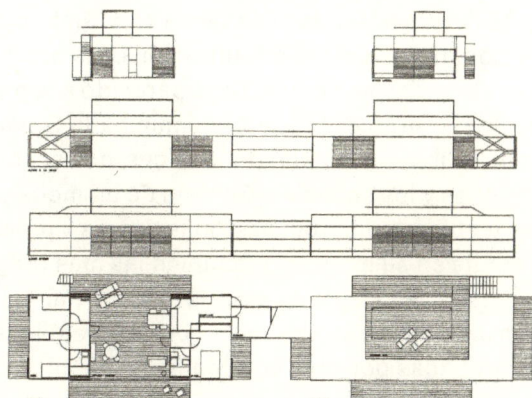

Las casas de Alcudia. 1983-1984. Proyecto no realizado. Un espacio técnico de sombra. "¿qué aisla mejor que la puerta de una nevera?" El cerramiento de las casas estaría realizado exclusivamente con Panel Sandwich de chapa de acero Formawall de Robertson.

Optar por una arquitectura física en contraposición a una química, en la que ningún elemento se mezcla con otro para producir un tercero, sino que, con las pinzas, siempre puedas dar con toda la personalidad del elemento.[153]

En los años 80 Alejandro de la Sota ahonda en la creencia de una arquitectura industrializada, esta vez ya desde el lado de la levedad de la tecnología.

José Antonio, date cuenta que esta arquitectura que hacemos, lo que se llama hoy arquitectura no tiene ningún porvenir. Es personal, caprichosa, complicada, artesana. Debe llegar una arquitectura industrial, modulada y simplificada. No lo que se hace hoy.[154]

---

[153] Conferencia dictada en Barcelona 1980 en Moises Puente (ed.) (2002) "Alejandro de la Sota. Escritos, conversaciones, conferencias" Gustavo Gili. Barcelona p 171.

[154] José Antonio Corrales (2007) en VVAA. *Alejandro de la Sota. Seis testimonios.* Papers Coac. Barcelona 2007..

Sota llevará a la práctica su idea en el ámbito de la casa en la propuesta no construida para la urbanización en la bahía de Alcudia (1983-1984). Las viviendas tienen un cierto parecido a la propuesta de Ralph Rapson para la *Case Study House #4* denominada Green Belt, con un espacio central libre delimitado por dos cuerpos en los que se alojan las habitaciones y los servicios. Se trata de un modelo replicable realizado con las técnicas constructivas "más ligeras y precisas que el mercado le permite en su momento- también las más pragmáticas. Las más "americanas", veloces y poco complejas":[155] Para ello utiliza panel sandwich *formawall* 100 y estructura de perfiles metálicos normalizados, técnicas ya probadas por Sota en el edificio coetáneo de correos en Leon.

Las Casas en Alcudia sirven como base para la elaboración de un sistema encargado por la empresa GIA[156] en 1994 para la construcción y venta de viviendas bajo catálogo de "una vivienda mínima, con posibilidad de ampliación, habitable por tres personas, para la implantación en diversas circunstancias de lugar, que pueda ser manufacturada, transportada en piezas y ensamblada de acuerdo con el sistema que patrocina GIA y que diseña TDM asociados".[157]

En el boceto del catálogo Sota apunta:

La industria generaliza su solución: la cadena de montaje.

Caminar, leer, trabajar o dormir son funciones de todos los hombres en todos los lugares. Una constitución común y actividades comunes reclaman los mismos instrumentos. Triplicar no es una extraña actitud es la respuesta a los problemas repetidos.

La serie aporta el progreso del producto: cada nuevo modelo supera al anterior, reduce su precio y la tirada aumenta.[158]

---

[155] ÁBALOS, Iñaki. Alcudia, León y la construcción de un arquitecto. En: ÁBALOS, I. LLINAS, J. PUENTE, M *Alejandro de la Sota*. Fundación Caja de Arquitectos. Barcelona. 2009. p.22

[156] General de Investigación Arquitectónica.

[157] Extracto de los comentarios para D. Alejandro de la Sota dentro del encargo de GIA. Hoja mecanografiada. En archivo de la Fundación Alejandro de la Sota.

[158] Texto a su vez extraído de un texto de Araujo, Ramón incluido en PÉREZ ARROYO et al. Industria y Arquitectura. Ediciones Pronaos. Madrid. 1991.

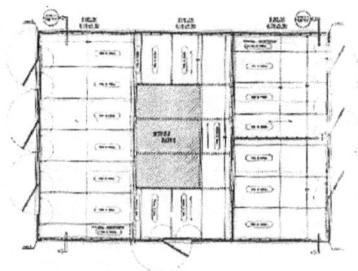

Las casas AH de Iñaki Ábalos y Juan Herreros. Son a la casa lo que el reloj Swatch a la industria relojera.

Ese mismo año y por encargo del mismo grupo empresarial, Iñaki Ábalos y Juan Herreros reciben un encargo similar: "producir una línea de viviendas industrializadas dirigidas, en principio a un mercado muy abierto: vivienda pública, vacaciones, jóvenes, protección civil". Ábalos y Herreros resuelven el encargo con un sistema basado en un núcleo técnico concebido como un componente 3D producido en taller y un sistema de paneles sobre una estructura ligera metálica que recuerda a la casa Eames. Su propuesta pretende huir de las concepciones tópicas asociadas a la vivienda prefabricada como "barato" o "funcional" haciendo referencia a "valores ambiguos pero de gran aceptación subjetiva en la vivienda". [159]

Ábalos y Herreros aluden a la casa como artefacto técnico pero evitando una transposición excesivamente retórica que haga apología de dicha tecnología, buscando un producto que sea aceptable por la memoria colectiva del público al que va dirigido.

Las casas AH se entienden como un producto de consumo a la manera en que fue anunciado y enunciado por el CSHP. Su exterior se reviste

---

[159] ÁBALOS, Iñaki y Herreros, Juan. *Áreas de impunidad*. Actar. Barcelona. 1997.

de imágenes atractivas al modo de estampados que parecen evidenciar la posibilidad de variar según la temporada, gusto personal o entorno en el que se sitúen. El entendimiento de la casa en ese contexto de sociedad de consumo tiene en cuenta el ecosistema global en el que se sitúa, la casa como producto industrial en el que hay que considerar su producción, elección y obsolescencia del mismo:

> Las casas AH son, frente a la casa tradicional, lo que el reloj Swatch frente al reloj de péndulo: no solo, o no tanto, un cambio tecnológico, sino la constatación de un cambio de hábitos, de la forma de relacionarse con las cosas. Un producto de la cultura material contemporánea.[160]

Las casas se ofrecen en varias superficies de dos y tres dormitorios, con posibilidades de incorporar un salón de dimensión variable y con "periféricos" que se pueden añadir a la construcción principal como un garaje un taller o un porche. El sistema permite realizar proyectos individualizados en los que los componentes se pueden unir con gran capacidad a la hora de plantear variaciones de distribución.

1940-2000 | Marcas comerciales

Si los arquitectos abandonaron colectivamente el tema de la Casa realizada a través de la industria, ésta siguió su propio camino afianzando su mercado de vivienda de gusto convencional y producción industrial de manera silenciosa pero constante.

Sears and Roebuck construye alrededor de 100.000 viviendas entre 1908 y 1940 año en que tuvo que cerrar al no poder recuperarse del todo de la crisis del 29.

National Homes, fundada en 1940, se dirige al mercado de vivienda de imagen tradicional y construcción industrializada aprendiendo de los errores de los pioneros de los años 30. Sus viviendas económicas y de calidad consiguen convertir a National Homes en el mayor productor

---

[160] ÁBALOS, Iñaki y Herreros, Juan. *Áreas de impunidad.* Actar. Barcelona. 1997

Si queremos fabricar casas como coches, deberemos publicitarlas del mismo modo.

de vivienda industrializada en los siguientes 15 años. En 1970 factura 178.5 millones de dólares, con 5.6 millones de beneficios.[161]

El relevo es llevado a cabo por compañías como American Homes fundada en 1970 y aún en funcionamiento a un ritmo modesto de 400 viviendas al año en el sector del Mobile home y derivados. Son empresas sin excesivas ambiciones, con un mercado local que pretenden dar un producto fácilmente digerible por un público conocido a precios competitivos, trabajando con un catálogo de modelos y ofreciendo posibilidades de personalización.

Japón puede considerarse como el caso de éxito de las grandes empresas en la producción de vivienda industrializada. De nuevo una guerra, en este caso, la guerra de Corea deja un excedente en la producción de acero y aleaciones ligeras que debe encontrar nuevas aplicaciones. En 1963 el Ministerio de Construcción y el Ministerio de Comercio establecen la Japanese Prefabricated Construction Suppliers and Manufacturers Association (JPA) para potenciar la aceptación popular de los sistemas prefabricados.

---

[161] www.library.hbs.edu/hc/lehman/chrono.html?company=national_homes_corporation. consultada el 21 de Octubre de 2014

Las compañías japonesas creadas a finales de los años 50 y 60 entran en el mercado en un periodo de demanda de vivienda elevado, coincidiendo con un encarecimiento de la vivienda tradicional debida a la escasez de madera y al aumento del coste de la mano de obra. De esta manera las compañías basadas en producción en factoría con materiales no tradicionales pueden ser competitivas en el mercado libre.

Los productores de vivienda industrializada en Japón se enfocaron desde 1963 en la creación de productos de valor añadido huyendo del mercado de vivienda de bajo coste. Esto les ha permitido ocupar el sector superior de calidad de vivienda siendo un 8% más caras que la vivienda convencional de su mismo nivel y de un 20 a un 30% más caras que las viviendas de bajo coste.[162] La Casa Industrializada consigue lo que en todas partes se espera, ser considerada un producto de calidad resultado de la industria.

En ningún lugar como Japón se ha dado el sueño de construir viviendas como si fuesen automóviles. Las viviendas son entendidas como bienes de consumo y tienen una vida útil media de 26 años[163]. Se producen 120.000 viviendas industrializadas al año[164], la inmensa mayoría de ellas de diseño convencional que lamentable o sorprendentemente no tiene nada que ver con la arquitectura tradicional japonesa.

El mercado de vivienda industrializada está copado por 10 grandes compañías con una cuota del 97,2%. Sekisui House es la empresa más grande con una producción de 60.000 viviendas y apartamentos al año. Misawa Homes 30.000, Sekisui Heim 20.000 y Toyota Home 2.800 unidades al año.

[162] JONHSON, W *Lessons form Japan: A comparative study of the market drivers for prefabrication in Japanese and UK private Housing development* University College London. Faculty of the Built Environment. Bartlett School of Planning. 2007

[163] DAVIES, Colin. op.cit. p.188

[164] DAVIES, Colin. op.cit. p.188

Zero emisions House de Sekisui. Casa Industrializada de aspecto tradicional.

Bok Lok Alianza entre la constructora sueca Skanska e Ikea. Sorprendentemente Ikea aún no ha apostado por la vivienda unifamiliar.

Casi todas ellas provienen de grandes conglomerados empresariales que buscan otro mercado para sus productos. Esta relación con grandes conglomerados se traduce en una eficaz relación con la cadena de proveedores muchos de los cuales son empresas pertenecientes al mismo grupo.

Las viviendas no solo se construyen del mismo modo que los automóviles sino que además se venden como tales. Las empresas abren las puertas de sus fábricas a compradores potenciales, disponen de grandes espacios, incluso pequeños pueblos, de exposición de sus productos. Se hace gran esfuerzo en marketing y publicidad, campañas de radio con jingles populares, televisión; así como en la edición de catálogos. El público no solo compra una vivienda de unas determinadas características sino que compra una marca.

En Suecia la industrialización de la casa se realiza de forma natural, empujado por la tradición constructiva en madera y por las extremas condiciones metereológicas que favorecen la construcción off-site. En los años 60 casi todo arquitecto sueco ha realizado un proyecto de vivienda dirigido en este sentido. Pero ya a mediados de la década, la idea de que la construcción se puede basar en una serie de detalles estándar ayudó a apartar a los arquitectos de la producción y el diseño por parte de los industriales.

En los años 80 en Suecia las viviendas de producción industrial suponen el 50% de las viviendas construidas. A finales del siglo XX en Suecia los sistemas de producción de vivienda industrializada empleando madera están perfectamente integrados en la cultura constructiva local.

En los años 90 el 90% de las casas unifamiliares se realiza utilizando al menos paneles realizados mediante entramados de madera.[165] En 1996 La compañía de venta de muebles de bajo coste Ikea lanza al mercado sueco su línea de vivienda Bok Lok, en alianza con la constructora Skanska. Utilizan un sistema industrializado de entramado ligero de madera para la construcción de vivienda colectiva o unifamiliar en hilera. El aspecto exterior es el de una vivienda convencional.

Pero si hablamos de marcas de éxito comercial tenemos que rendirnos ante la eficacia del mobile home, el verdadero éxito de la industrialización de la casa. En el año 2000 las casas manufacturadas o mobile home, significaron el 30% de todas las viviendas unifamiliares vendidas en Estados Unidos, y en algunas áreas como Florida este número es aún mayor.[166]

De esta manera, marcas comerciales, invisibles a los ojos de la historia, han conseguido realizar el sueño de fabricar casas como si fuesen automóviles. Silenciosamente, a través de pequeñas y graduales innovaciones, sin grandes revoluciones ni manifiestos, con una visión tremendamente conservadora, apoyándose en el gusto popular y de las masas.

El siglo XX llega a su fin con un sueño completado a medias, pero el nuevo milenio traerá esperanzas de un pequeño pero substancial cambio.

[165] BEIM,A; NIELSEN, J; SÁNCHEZ VIBAEK, K.*Three Ways Of Assembling A House.* CINARK Centre for Industrialized Architecture.. Ed Rikke-Julie Schaumburg-Müller. School of Architecture Publichers. Dinamarca. 2010. p.58

[166] DAVIES, Colin. op.cit. p.87

Macintosh.

S. XXI | Tercera revolución industrial

El siglo **XX** será el siglo del automóvil como objeto industrial de mayor facturación. A finales del siglo **XX** se sucede una nueva revolución, basada en el desarrollo de las tecnologías de información y la comunicación, la generalización en el uso de la computadora y su aplicación a los sistemas de producción y de diseño.

En 1964 Olivetti presenta su *Programma 101* el primer ordenador de sobremesa que comienza a producirse en 1965. En 1973 IBM desarrolla un prototipo de ordenador personal llamado SCAMP. En enero de 1984 Steve Jobs presenta el primer Macintosh. Comienza a generalizarse el uso de ordenadores domésticos. La fuerza del trabajo ya no es tan esencial, el capital es ahora el conocimiento. La unión de la computadora a la máquina produce un cambio radical en los procesos de producción.

Los primeros programas de diseño asistido por ordenador (CAD) comienzan a utilizarse en la industria automovilística a finales de los años 60.[167] A mediados de ésta década se generaliza el uso de las CNC (Computer Numerical Control), máquinas, controladas por una computadora. En 1983 Autodesk presenta Autocad 1.4 el primer software

---

[167] El CAD fue inventado por, Pierre Bézier, ingeniero de los Arts et Métiers en Paris. Bézier desarrolló los principios fundamentales de la CAD con su programa UNISURF en 1966 GROOVER,M. ZIMMERS E. *CAD/CAM: Computer-Aided Design and Manufacturing.*

dedicado al dibujo técnico e industrial. Estos programas de CAD unidos a las máquinas CNC permitirá transformar los procesos productivos hacia una nueva idea de multiplicidad y producción. El fin de estas innovaciones sigue siendo el mismo, realizar de forma más eficaz la producción consiguiendo artículos de mayor calidad a menor precio. Si en la primera revolución industrial fue la máquina de vapor con la división del trabajo, en la segunda la cadena de montaje y el taylorismo; en la tercera será la unión de la máquina y la computadora las que provoquen de nuevo una revolución en los procesos productivos.

Aunque si consideramos la argumentación de Rifkin[168], cada revolución industrial viene dada por la unión de una forma de comunicación y una nueva fuente de energía. La nueva forma de comunicación sería Internet y la nueva fuente de energía sería el uso de las energías renovables que además dejarían de estar en manos de grandes corporaciones para poder estar en manos de los ciudadanos a través del autoconsumo y la autoproducción. En 1972 se lleva a cabo la primera demostración pública de Arpanet, una nueva red de comunicación entre ordenadores que funciona sobre la red de telefonía convencional. La demostración suscita el interés necesario para crear un programa de investigación que se concreta en el desarrollo de Internet.

En 1990 se produce el nacimiento de la world wide web www con la creación del primer servidor web desarrollado por el equipo del centro suizo CERN, padres del lenguaje HTML.

Derivado de la cultura de Internet y del espíritu del software libre, nace la filosofía del hardware libre y la autoproducción.

El uso de las energías renovables y su descentralización supondría un cambio de paradigma tal que llevaría, en caso de ser real y efectivo, no solo a cambios en las estructuras de poder y de intercambio económico, sino a la ocupación misma del territorio al independizarse la localización del alojamiento de las redes de distribución energética. Construcciónes off-the grid. Según Chris Anderson,[169] esta nueva revolución viene

[168] RIFKIN, Jeremy. *La Tercera Revolución Industrial. Como el poder lateral está transformando la energía, la economía y el mundo.* Paidós. Barcelona. 2011.)

[169] ANDERSON, Chris. *Makers. La nueva revolución industrial.* Ediciones Urano. Barcelona. 2013.

acompañada de la democratización de los sistemas de producción que deja de depender de las grandes fábricas para volver a una producción de pequeña escala, descentralizada e incluso casera a través del desarrollo de centros de producción domésticos favorecidos por la reducción del coste de las máquinas de corte CNC y las impresoras 3D; lo que Chris Anderson explica en su libro *Makers. La nueva revolución industrial* (2012). Los medios de producción se domestican, ya no solo los ordenadores entran en los hogares, ahora lo hacen los medios de producción.

Internet también afecta a la iniciativa empresarial y a la forma en la que se crean las nuevas empresas. En el terreno comercial es más sencillo llegar a múltiples clientes con muy baja inversión: El espíritu Maker no solo conlleva la capacidad de producir para un autoconsumo, sino que gracias a la democratización de los medios de producción y las máquinas domésticas de prototipado rápido, es más sencillo el desarrollo de productos, antes reservado a departamentos de I+D de grandes empresas o universidad.

La conexión a través de la red permite poner en contacto a diseñadores de un punto del planeta con productores de otro punto del planeta, además de organizar perdidos, controlar suministros, gestionar la atención al cliente y la distribución del producto acabado.

Ya no es necesario poseer los medios de producción, ahora pueden alquilarse en el momento preciso,[170] para la cantidad de trabajo precisa. La fabricación deja de ser coto de las grandes empresas, jerarquizadas, con complejas burocracias gestoras y plantillas enormes, para poder ser llevada de manera colaborativa gestionada a través de cualquier ordenador personal con acceso a Internet.

Si el siglo XX se puede considerar como el de la producción en serie, el siglo XXI está llamado a ser el siglo de la personalización en serie. Las máquinas CNC, unidas a programas de diseño paramétrico, simplifican los procesos de fabricación permitiendo realizar múltiples productos parecidos de forma eficaz. Ya no son necesarias las series largas mantenidas en el tiempo, ahora es posible hacer muchas cosas diferentes haciendo siempre las mismas cosas.

---

[170]   Si Marx levantara cabeza...

Primero fue Ford, luego Toyota, ahora la
revolución en los métodos de producción de automóviles viene de la mano
de Tesla y su producción robotizada.

Si Toyota supuso un cambio de la producción en serie de productos
iguales a la producción ajustada de elementos variables, actualmente,
otro fabricante de automóviles pretende dar una vuelta más a la personalización en serie. El fabricante de automóviles Tesla [171] ha recupera-
do una antigua fábrica perteneciente al consorcio General Motors-To-
yota, para implementar una planta de producción robotizada con el fin
fabricar sus coches eléctricos[172] de alta gama:

[171] El nombre es un homenaje al gran inventor en el mundo de la electricidad Nikola Tesla.

[172] Uno de los cinco pilares de la Tercera Revolución Industrial propuestos por Rifkin es
precisamente la creación de transportes que utilicen energías renovables.

Durante una visita a la fábrica la tarde de su inauguración, Gilvert Passin, vicepresidente de manufacturación de Tesla, explicó que la fábrica es como una gigantesca maquina CNC (puede ser configurada para producir casi cualquier cosa). La fábrica entera es programable y cada coche será diferente. La misma planta puede hacer al mismo tiempo varios modelos de coches totalmente distintos con componentes muy diferentes, incluso alternándolos. Henry Ford apostó por la estandarización pero Tesla favorece la personalización.[173]

Mientras que la automatización conseguida por la máquina permite realizar muchas veces y con precisión una misma cosa, ahora:

Algoritmos, software, hardware y herramientas de fabricación digital son los nuevos estándares del diseño de producto. (...) A diferencia de la impresión mecánica, que imprime físicamente la misma forma en los objetos, una impresión algorítmica permite que las formas externas y visibles cambien y se metamorfoseen de un objeto a otro.[174]

La revolución en los modos de gestión, producción, fabricación y desarrollo empresarial, llevados a cabo por Internet y las computadoras supone un cambio radical en los paradigmas productivos para constituir en si mismos y por si solos una verdadera revolución industrial.

2000-2018 | Nuevo Milenio. Renacer de una idea

A finales del siglo XX, las pequeñas iniciativas como las de Sota y Ábalos-Herreros, junto con algunos proyectos como los de de Shigeru Ban en Japón con la casa mueble en 1995 o la propuesta Living Box de 1996 del estudio Architeam 4 para la empresa Suiza Ruwa, puede que no sean suficientes para vaticinar el inicio de un nuevo movimiento, pero podrían indicar la vuelta del interés de los arquitectos al tema de la Casa Industrializada o la vuelta al interés hacia los arquitectos por parte de los industriales.

[173] ANDERSON, Chris. p.199
[174] ANDERSON, Chris. op.cit. p.111

Aunque a principios del siglo XXI la sensación sigue siendo de frustración:

Los arquitectos despiertan de un sueño de 80 años para darse cuenta que ese sueño nunca ha llegado. Todo parece diferente aunque en realidad todo es igual. Bajo el barniz de lo nuevo está un mundo antiguo familiar. La apariencia ha triunfado sobre la sustancia. La arquitectura todavía lleva demasiado tiempo para diseñarse y construirse. La arquitectura todavía demanda recursos desproporcionados, y estos requerimientos la sitúan fuera del sentido de la humanidad.[175]

Ciertas señales parecen anticipar el renacer de la idea de la Casa realizada por la industria.

En estos años es significativa la aparición de publicaciones relevantes sobre el tema de la industrialización de la vivienda. En 2002 Allison Arief[176] y Bryan Burkhart publican *Prefab*. En 2004 se publica *Refabricating Architecture* de Stephen Kieran y James Timberlake, un libro-manifiesto donde reclaman la vuelta al sueño industrial y denuncian el retraso tecnológico que sufre la industria de la construcción.

En 2005 Colin Davies publica *The Prefabricated Home* en el que establece una doble historia de la vivienda prefabricada, la arquitectónica y la no arquitectónica. El libro bebe de las fuentes de Gilbert Herbert (1984).

La exposición *Home Delivery* organizada por el Museo de Arte Moderno MoMa de Nueva York en 2008 supone un resumen y un punto de partida para la Casa Industrializada en el siglo XXI.

Finalmente la edición por Taschen de *Prefab Houses* en 2010 recoge la historia de la Casa Industrializada, incorporando nuevas experiencias del siglo XXI con el fin de dirigir al gran público la cultura de la casa "fabricada".

Desde el lado de la gran industria, en este comienzo de siglo, las marcas comerciales de vivienda industrializada se consolidan especialmen-

---

[175] KIERAN S. y TIMBERLAKE J. *Refabricating Architecture.* Ed Mc Grahan Hill. Nueva York. 2004. p.XI

[176] Primer editor de la revista Dwell.

Kazuhiko Namba y Kengo Kuma para la marca Japonesa de productos de oficina y complementos de hogar, MUJI.

te en Japón, Suecia y Estados Unidos. En Japón las principales compañías, que iniciaron sus pasos a principios de los años 60, producen a un ritmo de 10.000 viviendas al año cada una de ellas. La Casa Industrializada supone el 20% del total del mercado de vivienda unifamiliar.[177]

Las formas de comercialización se basan fundamentalmente en catálogos de modelos de referencia que permiten un mayor o menor grado de personalización. Los sistemas empleados varían desde los tradicionales entramados ligeros de madera o metal con mayor o menor sofisticación de la producción, utilizando en casos como Japón o Suecia cadenas de montaje automatizadas.

En el año 2004 la marca blanca de objetos de hogar Japonesa, Muji, crea su departamento de vivienda con diseños del arquitecto Kazuhiko Namba, el premio Prizker Kengo Kuma y se anuncia la incorporación en breve de diseños de Shigeru Ban ahora como reciente premio Prizker. Las viviendas son de aspecto contemporáneo y sencillo fiel a la imagen de marca de la compañía.

En 2007 se crea en Suecia la compañía Arkitekthus con la intención de ofrecer un catálogo de vivienda industrializada, realizado por los arquitectos suecos más prestigiosos del momento: Gerth Wingardh, Sandell Sanderberg, Claeson Koivisto y Rune y el joven estudio Tham

[177] TADASHI O. Ken. op.cit p.32

De izquierda a derecha: Claeson, Koevisto y Rune (CKR), Sandell Sanderberg, Gerth Wingardh y Tham & Videgard. Las estrellas suecas para la firma Arkitekthus.

G. Vingardh y CKR para Arkitekthus.

& Videgard. Cada estudio aporta diferentes modelos con sus posibles variaciones.·

LivingHomes.[178] Creada en 2006 y con sede en Los Ángeles, realiza vivienda modular con estructura metálica, unida al montaje de componentes en obra de manera similar al CSHP. Incluye en su catálogo obras de arquitectos de reconocido prestigio como el angelino Ray Kappe o los arquitectos de Filadelfia Kieran y Timberlake.

Además de estas compañías impulsadas desde el lado empresarial surgen otras iniciativas promovidas por arquitectos con, y esto puede suponer una novedad, cierta visión comercial. Las posibilidades que brinda Internet de acceso a múltiples clientes y la visualización por

[178] www.livinghomes.net

Ray Kappe para Living Homes.

Marmol Radziner.

parte de los clientes de los productos para cualquier tipo de empresa a muy bajo coste, ha propiciado el desarrollo de estas nuevas propuestas de pequeña escala.

Marmol Radziner[179] surge del estudio de los arquitectos Leo Marmol y Ron Radziner con el fin de ofrecer vivienda de alta gama a precios competitivos. La empresa utiliza un sistema modular con un alto grado de finalización en taller. La estética sigue la imagen de las casas del desierto de Neutra y el CSHP. A través de este sistema reducen el precio, con respecto a las obras del propio estudio in-situ y a medida, entre un 30 y un 50% ofreciendo una linea low-cost de su propia firma.

---

[179] www.marmolradzinerprefab.com

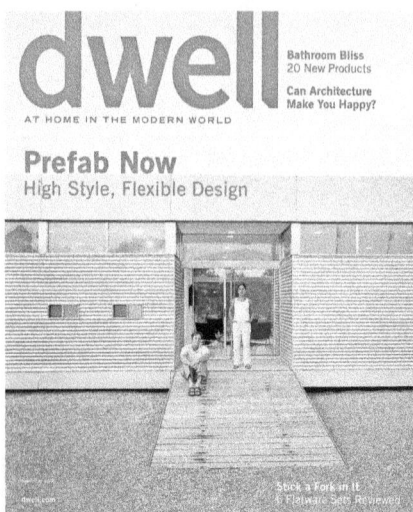

La revista Dwell toma el testigo de Arts and Architecture en la promoción de la casa Industrializa.

It Houses. Taalman-Koch.

It Houses. Idea de los arquitectos Taalman Koch,[180] desarrolla un sistema
de construcción por componentes de catálogo compatibles existentes en
catálogos comerciales. El sistema permite personalizar la vivienda utilizando elementos estandarizados, optimizando los tiempos de ejecución
y el coste de la vivienda. La imagen replica el ideal californiano de cubiertas suspendidas sobre límites acristalados. Otros ejemplos como Rocio
Romero con LV Homes,[181] Michelle Kaufmann con Blu Homes [182] o las Wee
Houses [183] de Alchemy Architects, suponen unas propuestas interesantes
a la hora de ofrecer una vivienda de calidad en diseño y prestaciones de
modo sencillo ocupando un sector medio o medio alto del mercado.

[180] www.taalmankoch.com
[181] www.rociororomero.com/
[182] www.bluhomes.com
[183] www.weehouse.com/

Algunas de estas viviendas reviven el espíritu de la casa americana de los años 50 promovida por la revista Arts and Architecture. Así mismo el espíritu de aquella revista es retomado en el inicio del siglo XXI por la revista Dwell con sede en San Francisco.

La intención en todos estos casos es clara, trabajar con modelos prede-finidos y sistemas constructivos testados permite obtener una vivienda, bien diseñada y optimizada en su tecnología, a un precio mucho más económico que hacerse esa casa a través de esos arquitectos de manera totalmente personalizada.

En Europa del mismo modo, pequeñas empresas apuestan de nuevo por los arquitectos como garantes de calidad. En Suecia además del caso de Arkitekthus podemos mencionar a Pinc House AB[184] así como las propuestas de Oskar Leo Kaufmann, la vuelta al mercado de Richard Horden con la respuesta a la iniciativa de la exposición del MoMa: la micro-compatc home,[185] o el caso extremo de la propuesta de Daniel Libeskind para Proportion Gmbh consistente en una vivienda de edición limitada a 30 unidades.

En Dinamarca, en el año 2015, la marca de complementos de cocina, baño y hogar en general, Vipp, como continuación a su línea de pro-ductos ampliada en el 2011 con la cocina Vipp, lanzan al mercado Vipp Shelter, un refugio de fin de semana y vacaciones para disfrutar de la naturaleza. El refugio, que no vivienda, se concibe como un producto industrial más y su diseño esta firmado por el diseñador Morten Bo Jensen, responsable de diseño de Vipp. El refugio se enclava en el mercado de alta gama al igual que sus cocinas con un precio dirigido a una élite, a lo exclusivo.

La cantidad de países en los que se puede encontrar iniciativas de este tipo se amplia y a los ya tradicionales Estados Unidos, Japón y Suecia, se le suman, Finlandia, Dinamarca, Gran Bretaña, Austria, Alemania, Suiza, Francia, España, Portugal y Australia.

En España, la crisis de la construcción iniciada en 2007, renueva el inte-rés por parte del público por la vivienda Industrializada, en un principio

---

[184] www.pinchouse.com/

[185] www.microcompacthome.com/

Vipp Shelter. Producto destinado al sector del lujo.

Modulab. Vivienda modular ecoeficiente. 2007. Foto ojovivofoto

esperando que redujese el coste de hacerse una casa, expectación que siempre aparece ligada a la idea de la producción de casas de manera industrial. En lugar de dirigir la producción al bajo coste, pequeñas firmas dirigen la producción al mercado del valor añadido, la eficiencia energética, la sostenibilidad y el diseño.

El estudio Modulab[186] realiza en 2007 un prototipo de vivienda modular con criterios de ecoeficiencia y un catálogo de vivienda de diseño contemporáneo, producción industrial y bajo impacto medioambiental.

El estudio Nuñez-Ribot crea la marca paralela cuatro50[187] que ofrece un sistema de paneles de steel frame para la realización de vivienda eficaz en términos de prestaciones, diseño, espacio y precio.

[186] www.sistemamoodulab.es
[187] www.cuatro50.com

Cuatro-cincuenta. Nuñez-Ribot
Arquitectos. 2007 foto imagen subliminal.

2010 Casa Garoza 10.1.
Estudio Juan Herreros.
Foto Javier Callejas

bHome. Sergio Baragaño.

Juan Herreros, diseña y construye la casa Garoza[188] como prototipo de un modelo replicable y de venta a través de web.

Noem[189] propone vivienda con alta eficiencia energética.

El arquitecto Sergio Baragaño lleva a cabo bHome, en el año 2015 con la colaboración de Arcelor Mital y el fabricante Neoblock. Una propuesta de viviendas de alta gama con producción bajo demanda y según modelos de catálogo[190].

A pesar de la dispersión de estas iniciativas, todas las propuestas comparten un espíritu común: crear un producto de calidad que a través de la utilización de las estrategias de la industria, la construcción off-site, la utilización de componentes, el prêt-à-porter etc, permita el acceso a un producto de calidad a cada vez un público mayor.

Las propuestas no pretenden ya encontrar una nueva formulación de la vivienda, o un nuevo paradigma en la producción de arquitectura. Los modelos ofrecidos se insertan en un modelo cultural existente entre el público: la idea comúnmente aceptada de arquitectura moderna. Por decirlo en términos empresariales, se ofrecen a un determinado nicho de mercado, y se me permite el lenguaje coloquial, el del público con gusto por un "diseño arquitectónico".

En la mayor parte de los casos se trata de modelos de referencia prêt-à-porter que son desarrollados bajo pedido y que permiten una gran personalización. Muchas de ellas lo que plantean es un sistema de fabricación off-site de proyectos personalizados. La viviendas se producen bajo un sistema de fabricación altamente flexible pero sin posibilidad de aplicar economía de escala dado el bajo volumen de pedido, es lo que Anderson y otros autores denominan: "producción artesanal mecanizada" y que nosotros podríamos denominar haciendo una correspondencia con la producción de la casa: producción artesanal off-site bajo demanda de producto singular.

---

[188] www.estudioherreros.com/project/casa-garoza/

[189] www.noem.com/

[190] http://www.bhome.es/catalogo/

Aunque el término anterior parezca demencial, con esto se ve el camino que aún queda por recorrer en el ámbito de la Industrialización de la Casa, ya que en este nivel nos podemos considerar dando los primeros pasos hacia una optimización de la producción, pero al menos, son los primeros pasos.

Dentro del contexto del nuevo canal de comunicación creado por Internet, la casa ya no necesita viajar desde el centro de producción localizado a su emplazamiento definitivo, sino que lo podrá hacer como bits de información a través de la red hasta el Fab Lab[191] más próximo a la ubicación definitiva, donde se fabricarán las piezas de la casa.

Esta nueva situación supone ciertamente nuevos modelos de negocio para la industria de la Casa. Quizá lo menos necesario sea ya la implantación de una industria adecuada, que está desarrollada actualmente muy por encima de las necesidades reales del sector de la Casa, sino la creación de un modelo que integre las capacidades de las herramientas digitales, la comunicación web y las infinitas posibilidades de la industria, para ofrecer una vivienda de calidad accesible a cada vez un mayor número de personas.

En este espíritu de la comunidad web, aparece la vivienda de código abierto, la wikihouse,[192] una casa hecha bajo el espíritu colaborativo y sin derechos protegidos, que será accesible a todo el mundo pudiendo descargarse libremente los planos y elaborar las piezas en su Fab Lab. La vivienda en principio no supone más que la representación de una posibilidad. Más que una vivienda es un pequeño habitáculo realizado por costillas estructurales de madera contrachapada unidas por piezas transversales que encajan sin necesidad de tornillos. Pero supone una nueva idea sobre diseño, distribución y producción de vivienda industrializada a ser tenida en cuenta.

Esta posible nueva revolución no hace más, en principio, que ponernos en contacto con el origen de la historia de la vivienda industrializada: el

---

[191] Pequeño centro de producción maker con un instrumental básico de producción consistente en una cortadora láser, una cortadora de vinilo, una gran máquina CNC para mobiliario y una pequeña para tarjetas de circuito impreso, equipos electrónicos básicos y en ocasiones también una impresora 3-D. En ANDERSON, Chris. op.cit. p.73.

[192] www.wikihouse.cc/

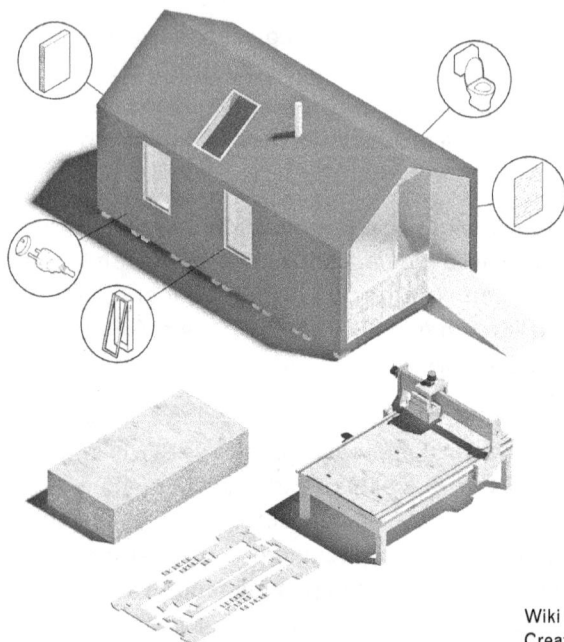

Wiki House. Vivienda de código abierto.
Creative Commons. S.XXI.

balloon frame, un sistema constructivo de código abierto, que permitía a cualquier persona construir su propia casa siguiendo unas reglas muy sencillas, con unas simples tablas de madera de 2x4 pulgadas o 2x6 pulgadas espaciadas un pie entre sí y unidas con clavos de acero.

Aunque la aplicación de las tecnologías digitales en el ámbito de la casa, hasta el momento solo supongan proyectos experimentales con énfasis en las posibilidades formales de la unión, el uso de la computadora trae la fe en una renovación en la eficacia de los procesos, no solo a través de máquinas gestionadas por computadoras sino de sistemas integrados de diseño y gestión de los procesos que permite hacer mejor, antes y por que no, de otra forma.

Las máquinas de hierro siguen existiendo pero obedecen a los bits sin peso.[193]

---

[193] CALVINO, Italo. *Seis Propuestas Para El Próximo Milenio.* Editorial Siruela. Madrid. 1990. p.20.

En los últimos años, cada vez son más frecuentes las casas que se anuncian bajo el termino prefabricado, modular o industrializado. Tantas que no es posible trazar una línea ni indicar aún cuales de ellas se convertirán en experiencias de éxito, más allá de la producción de un prototipo o de una vivienda en concreta.

En el renacer de esta idea, la Casa Industrializada se ofrece al público como acceso a un producto de calidad antes reservado a una limitada minoría. De la misma manera que el diseño industrial debería hacer accesible el diseño de calidad a un número mayor de población, la Casa Industrializada de la mano de arquitectos persigue este mismo fin que retoma la máxima del estudio de los Eames "The Best for the Most for the Least" lo mejor para los más al menor coste.

Actualmente ciertos autores sostienen que estamos en los albores de la cuarta revolución industrial. La Casa Industrializada de la mano de arquitectos parece haber perdido la oportunidad de las tres anteriores. Será este nuestro momento?

Si queremos que esto sea así aprendamos de las marcas comerciales invisibles para los arquitectos, y hagamos como ellos, no existen grandes revoluciones, sino pequeñas y continuas innovaciones.

CONCLUSIONES

LA CASA INDUSTRIALIZADA.
UN SUEÑO INCOMPLETO

Si aún consideramos que realizar casas utilizando la potencia de la industria es una idea con futuro, es por que desconocemos, o no queremos ver, que esta es una idea con casi 200 años de existencia. Y si pensamos que aún falta por realizarse y que es un sueño por llegar es por que no reconocemos que está idea ya ha sido llevada a cabo por pequeños y grandes industriales, con miles de viviendas producidas, pero que no son consideradas por nosotros arquitectos como arquitectura. De este modo el sueño de fabricar casas es un sueño realizado, pero es un sueño incompleto.

El sueño de fabricar casas de la misma manera que se fabrican automóviles es un sueño incompleto desde el momento en que la industria de la casa decidió seguir su camino sin contar con la colaboración de los arquitectos o en el momento que los arquitectos dejamos de interesarnos por la vivienda individual como tipo para ser reproducida por la industria. Sea el caso que sea, el sueño de producir casas que sean reflejo de lo que nuestra sociedad es capaz de realizar y que nosotros arquitectos intervengamos en su diseño es, aún hoy en día, después de casi 200 años de historia, un sueño por realizar. La cuestión central es saber por qué los caminos de la Casa Industrializada y lo que conocemos como arquitectura se separaron y si hay posibilidades e interés de reconciliación.

La idea de fabricar casas como cualquier otro producto industrial surge en la conjunción de una necesidad detectada y la posibilidad de dar respuesta a esa necesidad a través de los medios de producción industriales. La Casa Industrializada adquiere en ese encuentro la oportunidad de su realización.

El desarrollo de la industria moderna, la fiebre por la patente, y la búsqueda de nuevos mercados en los que aplicar el espectacular potencial de la industria, llevó a pensar que la casa individual podría ser uno de los productos que se beneficiarían de esta revolución. La industria había permitido el acceso a la población a productos de calidad a un coste adecuado por que no hacer lo mismo con la vivienda. La gente podría adquirir una vivienda del mismo modo que compraba un mueble o una máquina de coser. La casa individual no solo se convertiría de esta manera en un producto industrial más sino se convertiría en un producto de consumo más, listo para adquirir y accesible a través de catálogos de venta por correo.

Las necesidades de reconstrucción de vivienda y reconversión de la industria tras las guerras mundiales empujaron a la casa industrializada a cotas de producción que no se volvieron a dar después de esos momentos. Durante la posguerra en Europa, se intentó reconvertir la industria bélica y aplicar los excedentes en acero y aleaciones ligeras en la producción de viviendas unfamiliares para suplir la carencia de alojamiento. Finalmente se optó con vivienda social en bloque, con el hormigón como material fetiche, y la mayor parte de experiencias en la producción de casas quedaron en meros prototipos o proyectos pilotos. Los arquitectos abandonaron la idea de trabajar en la vivienda unifamiliar como modelo para ser reproducida de manera industrial y los industriales abandonaron el ámbito de la casa como foco de inversión. La arquitectura quedaba en manos exclusivas de constructoras y arquitectos con poco espacio para industriales e ingenieros.

La industria de la casa no tuvo el mismo apoyo que la industria del automóvil. Mientras que el sector del automóvil ha sido continuamente subvencionado, fundamentalmente desde sus inicios con la socialización del suelo necesario para su desarrollo, es decir, la red de carreteras, en el caso de la vivienda, solo la vivienda colectiva tuvo una fuerte implicación por parte de los gobiernos, pero este apoyo se fue paulatinamente retirando hasta llegar a prácticamente desaparecer en nuestros días. Sin el control en el coste del suelo, poco margen había para la aplicación de tecnología en la construcción de la casa. La tecnología del hormigón sustituyó a la verdadera tecnología, la vivienda unifamiliar quedó relegada al olvido y los arquitectos solo encontraron interés en ella desde lo singular y específico y nunca en lo general y tipificable.

Lo que en un inicio se entendió como la solución al problema de la vivienda tras la segunda guerra mundial dentro de un mercado dirigido y subvencionado por los gobiernos, se convirtió, una vez acabada la necesidad de reconstrucción en un producto de consumo más que debía competir en un mercado liberado.

Una vez que la Casa deja de ser una necesidad para ser un producto industrial dirigido al consumo, el recelo de los arquitectos europeos, y entre ellos los españoles, hacia todo lo que tuviese que ver con mercado, empresa y capital; deriva la mirada hacia otros lugares de interés, abandonando el campo de la vivienda unifamiliar como investigación. Con alegaciones en cierto modo justificadas, el interés se centra en la vivienda colectiva.

Este fue el recorrido de la Casa Industrializada en el contexto europeo hasta el siglo XX. En Estados Unidos el gobierno decidió enfocar la necesidad de vivienda de una manera radicalmente distinta a Europa. En lugar de ejecutar grandes conjuntos residenciales, apoyará por un lado a la industria para que produzca vivienda y por otro a las familias a través de créditos garantizados para que adquieran esas viviendas, estos créditos estaban fundamentalmente destinados a la adquisición de vivienda unifamiliar considerada casí como uno de los derechos fundamentales de su sociedad.

Los Estados Unidos suponían en los años 50 el lugar adecuado para que la relación Arquitectos-industria-casa se diese de la mejor manera, pero las agencias gubernamentales de vivienda recelaron de la arquitectura moderna considerada excesivamente experimental, sospechosa de esconder ideas socialistas y poco fiable a la hora de otorgarle hipotecas. Esto supondrá una barrera fundamental que paralizará proyectos como el de la casa Wichita de Fuller. Como consiguiente, los productores de vivienda vieron en los arquitectos unos socios poco fiables a la hora de conseguir un producto fácilmente vendible y se refugiaron en modelos tradicionales de gusto popular. Lo mismo ocurrió en el resto de países. La idea generalizada era que en efecto era posible la realización de casas por la industria, siempre y cuando un arquitecto no estuviese por medio.

Es cierto que numerosos arquitectos de reconocido prestigio participaron en iniciativas para llevar a cabo casas a través de la producción industrial. La lista es larga: Le Corbusier, Gropius, Neutra, Aalto, Ginzburg, Scharoun, Gio Ponti, Prouve, Erskine, Utzon, Breuer, Los Eames, Los Smithson, Fuller, Rogers, Horden, Sota, por nombrar alguno de ellos. Ninguna de esas iniciativas prosperó. En cada uno de los casos, las causas fueron diversas, y muchas veces no hubo una única causa.

En algunos casos la producción resultó más cara de lo previsto, el precio no fue el adecuado, el producto no tuvo la demanda necesaria o no encontraron una financiación adecuada.

Y aquí acabo el sueño de la Casa Industrializada realizada de la mano de arquitectos.

Pero no se trata de una búsqueda de culpables. Esto es así y es una realidad. Las empresas que prosperaron lo hicieron por que supieron encajar las piezas del puzzle y encontraron simplemente un producto adecuado para un entorno adecuado. Levantaron un sistema de producción más o menos eficaz junto con una red comercial y una logística de distribución adecuada, utilizaron los medios de comunicación a su alcance publicitando sus productos, contaron con el apoyo de entidades financieras a la hora de otorgar financiación a sus clientes y financiar sus empresas, y consiguieron una sostenibilidad económica. Pero fundamentalmente consiguieron una cosa: crearon un producto que tenía un mercado.

Esta es a mi entender la principal causa por la cual, a pesar de lo brillantes que puedan ser las propuestas arquitectónicas realizadas y los curriculums de los arquitectos que los llevaron a cabo, lo perfecto de los sistemas constructivos y las eficacias de producción, muchas iniciativas no llegaran a consolidarse en la producción: no fueron capaces de crear un producto de mercado. No comprendieron el contexto global en el que se situaban.

El sueño de la Casa Industrializada es un sueño incompleto, aún por realizar como producto cultural de calidad, pero realizado por pequeños y grandes industriales en las sociedades industrializadas como producto popular. Es un sueño incompleto porque a pesar de que existan esos pequeños o grandes industriales, a pesar de que en países como Japón sea ya un hecho habitual, aún no es un hecho extendido en nuestra sociedad. Aún seguimos utilizando la tecnología del siglo XIX o como mucho de principios del XX para hacer casas.

Buckminster Fuller pedía a su público que imaginase un coche producido como una casa, es decir, elegir un ingeniero, indicarle el tipo de coche que queremos, que realice un diseño original para nosotros, que consiga los permisos necesarios, que defina todos los elementos para su construcción y los modos de llevarse a cabo, y una vez realizado todo esto, construir el coche en nuestra parcela, desplazando los oficios y trabajando al aire libre ...Como decía Fuller, si esto no es apropiado para un coche, ¿por que seguimos pensando que es la única forma de construirnos la casa?

¿Por que tenemos coches que conducen y aparcan solos, capaces de atravesar una tormenta a 120 km por hora con plena seguridad en un entorno calefactado y escuchando tu música favorita en alta fidelidad, y construimos casas que derrochan materiales, son difíciles de calefactar y mantener, y que lo más que esperamos de ellas es que las puertas y ventanas cierren bien y no entre agua cuando llueva?

Si la vivienda unifamiliar, al menos en España, es de competencia exclusiva de los arquitectos y a nosotros nos parece un modelo equivocado, ¿quién se ocupará de ella? El hecho de que el transporte colectivo sea más ecológico que el individual, no hace que los ingenieros abandonen la investigación sobre como hacer automóviles más eficaces y menos contaminantes. Ahora comparemos las investigaciones en ambos ámbitos: automóvil y casas, creo que algo debemos reflexionar con esta situación.

En la actualidad, si los arquitectos abandonaron la idea de la casa industrializada o la industria los abandonó a ellos, se ve un interés de ambas partes por retomar un trabajo común, el de producir vivienda de calidad accesible al mayor número de personas posible, gracias a las estrategias y potencia de la industria.

Es necesario realizar un replanteamiento de la totalidad, y saber cuales son las necesidades u oportunidades que pueden permitir la existencia de la Casa Industrializada como una realidad extendida que permita ofrecer a la sociedad un producto de calidad a la altura de su tecnología, que medios disponemos para hacerla posible y que barreras pueden impedir su paso.

Desde el ámbito de la producción, no existen barreras para realizar la casa a través de la industria, la industria está más que preparada para llevar a cabo esta tarea, no es aquí donde radica el problema. Entonces de nuevo, si podemos hacer mejores casas, ¿porqué no las hacemos?

Como afirmaban Charles Eames, John Entenza, Herbert o Kelly, por citar algunos de los defensores de la Casa Industrializada, el éxito o fracaso de la realización de casas a través de la industria, depende de una sabia combinación de determinadas variables y sobre todo de una correcta interpretación del contexto cultural, productivo, y económico en el que se inscribe o inscribirá la propuesta. Sin ese entendimiento, la Casa como producto industrial no podrá ser una realidad.

Si queremos ofrecer un modelo de éxito de la Casa Industrializada debemos comprender la cultura en la que se inscribe y saber dar una respuesta adecuada a sus necesidades, sus sueños y sus miedos. También debemos saber que a lo largo de su historia la Casa Industrializada se ha cargado de connotaciones y estigmas sobre los que será necesario reconstruir de nuevo el sueño, no podemos ignorarlos.

Desde la percepción del público, la Casa Industrializada, conocida anteriormente como prefabricada, han sido sinónimo, hasta prácticamente nuestros días, de bajo coste, mala calidad y peor imagen, monotonía y falta de personalización, no se ha conseguido trasmitir la idea de calidad o prestigio al adquirirlas de la misma manera que esta idea se ha asociado con un automóvil, un teléfono móvil o unas zapatillas deportivas, producidos todos de manera industrial.

Desde el aspecto económico la casa se ve como una inversión y se espera que se revalorice en el tiempo con lo que los sistemas considerados como poco fiables o experimentales no son aceptados. Por último, siempre se ha esperado que la Casa Industrializada sea una alternativa económica a la construcción tradicional y se estudia como una opción de bajo coste[1].

Es en este contexto en el que debemos empujar el sueño de la Casa Industrializada en nuestro país y puede parecer desalentador, pero comienza a percibirse un cambio de percepción sutil pero consistente. Ya no se habla de casas prefabricadas sino de casas modulares o industrializadas y el cambio de denominación viene acompañado por los adjetivos de calidad, diseño y eficiencia.

---

[1] Aunque pueda parecer que este análisis carezca de un fundamento científico, está basado en 8 años de experiencia en el trato con el público en nuestra empresa Modulab y de los comentarios vertidos tras la publicación de nuestra obra en diversos medios digitales.

La historia de la Casa Industrializada ha demostrado que la idea antigua de casas prefabricadas ha sido superada. Las barreras culturales no se derribarán en un día, será necesario comunicar de manera eficaz las bondades de la Casa Industrializada y ésta deberá ofrecer a la sociedad una serie de valores que le permitan ser al menos una alternativa consistente a la manera tradicional de producir vivienda.

¿Qué tenemos hoy? ¿que valores puede ofrecer la Casa Industrializada a nuestra sociedad?

VALORES DE LA
CASA INDUSTRIALIZADA

LA CASA COMO PRODUCTO CULTURAL

Una casa es un producto más complejo que un automóvil, pero no en el aspecto técnico, sino en el aspecto cultural. La casa pertenece a la memoria, a la cultura y a la tradición y aún hoy, como afirmaba Herbert, las fuerzas más conservadoras convergen en la definición de la casa. Las barreras que pueden impedir el paso a la Casa Industrializada no son productivas, son principalmente culturales.

Hoy, aunque la vivienda es una necesidad básica, es decir, necesitamos alojarnos, protegernos del medio, refugiar a nuestra familia, y llevar en ella parte de nuestra vida social; la vivienda unifamiliar, en nuestra sociedad, no es una necesidad, es una elección accesible a aquellos que pueden pagar ese precio de más por poseer una casa propia y un jardín que cuidar.

La casa unifamiliar trasciende la mera necesidad para convertirse en un producto de la sociedad de consumo[2] que completa el paquete estándar de posesiones formado por coche, televisión, equipo estéreo y teléfono móvil. La casa se convierte en el envoltorio máximo de este conjunto. La casa es una definición del estatus, de nuestra forma de estar y querer mostrarnos en el mundo.

La casa como producto industrial/producto de consumo supera las lógicas tradicionales de la arquitectura para operar dentro del contexto de la producción industrial y los mercados de consumo. No solo debe ser producida sino que tiene que ser consumida obedeciendo a una sencilla ley que dicta que sin consumo no hay producción, para esto la casa debe erigirse como objeto de deseo, ser elegida.

En resumen, la Casa es un producto cultural y esto es algo que debemos tener en cuenta desde un principio, mucho antes que pensar en como la vamos a producir es saber que vamos a producir.

---

[2] Esto queda muy bien expuesto en BAUDRILLARD, Jean. *La Sociedad de Consumo. Sus mitos sus estructuras.* Siglo XXI. Madrid. 2009. *La société de consommation. Ses mythes, ses structures. (1970)*

Respecto a la materialidad

La Casa Industrializada tomó partido por una arquitectura de la levedad, por la ligereza de los materiales asociados a la producción industrial inspirados por la industria aeronáutica y promovidos por la reconversión de la industria bélica en industria para los tiempos de paz. Este
partido por la levedad no solo se vio reflejado en el uso de materiales,
sino que implicaba una nueva manera de pensar en la que lo leve resulta un valor a perseguir. ¿Cuanto pesa su edificio señor Foster?

La Casa Industrializada se aligera. Este proceso de adelgazamiento es
una constante en los procesos industriales, en el automóvil, o la aviación, y por tanto la Casa Industrializada comparte este ideal de levedad. El peso resulta un factor determinante en la logística y puesta en
obra de los componentes de la casa. La fabricación de componentes,
secciones de la vivienda o viviendas enteras fuera del lugar definitivo
de su emplazamiento, para ser transportada por carretera o aire hace
necesario que el peso de estos componentes se optimice al máximo.

Además, la manipulación de estos componentes unidos a la noción de
montaje, favorece el uso de materiales ligeros, la puesta en obra debe
ser fácil, en la sociedad moderna y tecnificada, el esfuerzo no tiene
sentido, la técnica lo debería haber eliminado.

Tal y como soñó Le Corbusier, en sus primeros alegatos hacia la industrialización de la vivienda, los fabricantes de aviones se reconvirtieron en
fabricantes de vivienda para la sociedad de postguerra. La madera contrachapada, las aleaciones metálicas, los perfiles ligeros, los plásticos,
se derivaron de las investigaciones de las dos guerras mundiales para la
construcción de estructuras ligeras y resistentes: los aviones de comba-
te. Estos materiales conformaron la Casa Industrializada a lo largo de su
historia, con ellos se desarrollaron sistemas constructivos que busca-
ban el mínimo uso del material para crear estructuras habitables.

La Casa Industrializada en el arranque de este milenio sigue este
mismo camino con la utilización de materiales ligeros. La introducción
de la Casa Industrializada en la sociedad, se está produciendo y asen-
tando en aquellos países vinculados a una tradición carpintera en la
construcción mientras que en los países con una tradición más vincu-

lada a la tierra, la masa, el ladrillo, esta penetración de la industria a la construcción de la casa esta siendo más dificultosa.

En nuestro contexto, aunque la levedad supone una barrera a tener en cuenta, el cambio que se está produciendo hacia un modelo de menor consumo energético prima al aislamiento frente a la masa lo que favorece económicamente a los sistemas ligeros.

Un muro de ladrillo tiene un valor cultural, hace tiempo que no tiene justificación estructural, ahora tampoco lo tiene desde un punto de vista de protección frente al clima. Quizá cuando la arquitectura suelte el lastre de la tradición, los sueños de volar se materialicen en la Casa Industrializada, que de la mano de los materiales ligeros está entrando en el siglo XXI.

El factor tiempo

El tiempo, en la sociedad post-industrial, se convierte en un valor en si mismo. La tecnología ha liberado al hombre de la necesidad de esfuerzo, la máquina ha permitido la conquista del espacio y el tiempo, el progreso nos permite liberarnos de las tareas ingratas para disfrutar de nuestro propio ocio. El ahorro del tiempo junto con el ahorro del esfuerzo se convierte así en una cuestión contemporánea.

La arquitectura tradicional no esgrime el tiempo como un valor. Probablemente sepamos cuanto duró la construcción de la villa Mairea, o la villa Saboya, pero resulta un dato en cierto modo irrelevante. Sin embargo, la mayor parte de las casas industrializadas exhiben su rapidez como un valor diferenciador.

Los materiales se han aligerado, los sistemas son sencillos, la puesta en obra debe ser rápida, fácil, ágil. La casa industrializada ofrece esa promesa de facilidad e instantaneidad, la casa, como producto de consumo se ofrece al público de forma inmediata, lista para adquirir y utilizar, sin esperas innecesarias.

Henry Ford consiguió reducir el precio del automóvil reduciendo el tiempo necesario para fabricarlos. No solo fue posible por la incorporación de la cadena de montaje, sino fundamentalmente a través del principio de intercambiabilidad de piezas, que toma de la industria armamentística y relojera, y la organización científica del trabajo aportada por los estudios de Taylor.

La Casa Industrializada se apropia de estas estrategias. Es en la lógica de la fabricación y en la lógica del montaje o el ensamblaje donde la Casa Industrializada incorpora la rapidez como un valor propio. La Casa Industrializada ya no se construye: se fabrica y se monta. Para ello es necesario considerar la casa como un conjunto de partes, componentes, diseñados para integrarse en un todo y estudiar la forma de ensamblaje con un fin muy concreto: producir antes.

La precisión como valor y necesidad

La producción industrial trajo consigo tres aspectos referentes a la precisión: por una lado la exactitud de la máquina, por otro la necesidad de precisión en una arquitectura basada en el montaje, y por otro la idea del diseño exacto entendido como lo justo e indispensable.

Desde la economía de producción, los métodos Lean definieron la elaboración de lo justo a través de la eliminación de las actividades que no otorgan valor añadido, fabricando la cantidad justa de vehículos, con el material justo y en el momento justo, ahorrando tiempo, esfuerzos y recursos. Esta forma de pensar se extendió de la producción a la organización de los equipos de diseño y de la industria del automóvil al resto de industria e incluso a la gestión empresarial, por que no aplicarla también en la producción de la casa.

Esa lógica será transferida a la arquitectura formando parte del ideario de los arquitectos industriales que llevarán a cabo una arquitectura basada en lo esencial, en el uso justo de materiales, componentes y espacio, que encontrará su máxima expresión en el "lo mas nada posible" de Alejandro de la Sota.

La precisión es un aspecto que atañe a la tecnología. La mano del hombre, tal y como demostró Gilbreth, es incapaz de realizar una determinada tarea exactamente igual por muy entrenada que pueda estar. El uso de la máquina introdujo la exactitud en la producción al ser capaz de realizar tareas repetitivas con precisión además de rapidez.

Esta exactitud no es una cuestión meramente accesoria al uso de la máquina. La lógica del montaje, la unión de piezas en seco y el ensamblaje de componentes establece una relación con la noción de tolerancia más intensa que en la construcción tradicional. Con el fin de que el montaje sea ágil los componentes deben encajar perfectamente unos con otros, no hay posibilidad de ajustes o parcheados en una obra industrializada. La exactitud se convierte de este modo en necesidad.

La exactitud de producción, y su necesidad, se extiende a todo el proceso, desde la concepción y diseño, al montaje final, pasando por la producción de componentes. Afortunadamente, la propia industria que crea la necesidad, aporta su solución en su propia naturaleza. Además de la máquina, la incorporación de los ordenadores a la fase de diseño (CAD), producción (CNC) y más recientemente al montaje (autómatas y robots) y a la gestión total de la producción (BIM y CIC) ha permitido eliminar errores en el paso de una fase a otra y trabajar con tolerancias más reducidas y una exactitud mayor en todos los procesos de la Casa Industrializada, haciendo que los diseños exactos se materialicen en productos exactos que son montados de manera exacta.

La casa como producto industrial eficaz deberá buscar la exactitud en su producción, a través del uso de la máquina, de la necesidad del montaje y de la elaboración de lo justo. Una arquitectura como máquina de precisión.

El valor de la forma

La forma atañe al aspecto visual de los productos industriales. Estos productos están dirigidos al consumo y como productos de consumo en ellos operan las lógicas del deseo que se suman a las lógicas de la funcionalidad.

A un producto industrial se le presupone la funcionalidad, pero el diseño (diseño emocional), busca establecer las diferencias inesenciales que personalicen el objeto y lo hagan atractivo para un determinado comprador.

La Casa como producto industrial se inscribe en las lógicas de mercado y debe establecer su propia estrategia formal. La forma de la casa
tiene un fuerte carácter ideológico. La imagen que proyecta la casa es
un mensaje muy determinado y como se forman esas imágenes trasciende el debate clásico del movimiento moderno.

En este debate entre forma-función y forma-tradición los productores
tuvieron que tomar partido y muchos de ellos recelaron de la capacidad
de los arquitectos para crear productos que pudiesen ser aceptados
por el mayor número de clientes potenciales. Era necesario crear un
producto que fuese, digámoslo claramente, vendible, y dirigieron sus
diseños a mercados conservadores, continuando las tradiciones nos-
tálgicas de los pattern books, o libros de modelos propios del Siglo
XIX, tal y como hiciesen Sears and Roebuck y el resto de vendedores
de vivienda bajo catálogo.

Cuando se trata del hogar, las fuerzas más conservadoras convergen
a la hora de definir que forma debe tener la casa. La forma de la casa
es una imagen cultural, pertenece al imaginario colectivo, supone la
identificación con el yo, es una imagen que personaliza y posiciona al
individuo o al grupo familiar en el mundo.

Aunque el coche de hoy en día no se corresponde en absoluto con el
coche de Ford cabe recordar que los primeros automóviles replicaban la
imagen de las últimas calesas y coches de caballos a los que simplemente se les quitó los caballos, haciendo de esta manera un producto asumi-
ble y reconocible. Una vez iniciado este proceso, el diseño industrial y la
publicidad se encargó de que el público fuese paulatinamente admiran-
do y asimilando los nuevos modelos hasta llegar a nuestros días.

Ahora bien, y esta es una cuestión relativamente reciente, algunos
fabricantes están volviendo a confiar el diseño de sus casas a arquitectos, como garantes de unir funcionalidad y estética, pero también con
la finalidad de crear un producto dirigido a un mercado, en este caso
un mercado de clientes "que valoran ese pequeño plus que supone un
diseño contemporáneo".[3] En estos casos, también se trata de imágenes
culturales o imágenes tradicionales ya que en ellas se pone en juego

---

[3] Extraído de la página web de Arkitekthus. 16/10/2014.

lo que tradicionalmente se considera como casa de autor o casa de arquitecto. No intentan crear una nueva imagen de vanguardia, sino que replican en cierto modo una imagen cultural que forma parte de un imaginario colectivo, la idea de casa moderna.

Lo que se debe entender a la hora de fabricar la Casa a través de la industria es, que de esta manera se está realizando un producto que debe ser dirigido a un determinado consumidor, la forma actúa como reclamo y señuelo, identificándose con su usuario, personalizándolo. Fabricar la casa no es solo fabricar un producto arquitectónico, es fabricar un receptor de emociones, en el que la cultura, la memoria, y una cierta noción de estatus, juegan papeles tremendamente relevantes. El diseño sigue a la emoción.

El valor de lo múltiple

La Casa Industrializada, nace con la doble vocación de ser producida en serie por la industria y ser consumida en masa por la sociedad, y se encuentra con la multiplicidad en este doble ámbito de la producción y el consumo. En este sentido, se opone a la tradición académica que se refiere a la vivienda unifamiliar como respuesta específica al usuario y al lugar, considerados como únicos. Pero esta multiplicidad debe entenderse en un doble sentido de cantidad y variedad.

La evolución de la Casa Industrializada va íntimamente ligada a los desarrollos de la producción industrial. En un principio la confianza en la producción de la vivienda residía en la cadena de montaje y la producción en masa de Ford, con modelos únicos producidos en cantidad. La entrada en el mercado del automóvil de General Motors y Toyota comienza a diversificar y agilizar la producción hacia series más cortas y una mayor personalización. La producción en serie se transforma en personalización en serie, donde son los procesos y no los productos los que son estandarizados. Se sigue produciendo en cantidad pero aumenta la variedad.

El cambio del *made to stock* de Ford al *made to order* actual, permite que la producción, a un nivel de bajo volumen de artículos, sea económicamente viable, lo que posibilita que pequeños productores puedan fabricar viviendas en ese contexto de calidad. La producción se puede ajustar a la demanda, la producción no tiene que partir ya de un mínimo de miles de unidades para ser viable. Las pequeñas empresas con decenas de unidades vendidas al año pueden subsistir junto con grandes empresas que produzcan miles. De nuevo se reduce la cantidad y se aumenta la variedad.

Internet ha supuesto un acceso más distribuido a los medios de producción que no solo tiene que ver con la filosofía Maker sino con la posibilidad de conectar a diseñadores con productores y distribuidores de manera más eficaz. Los productores tienen a su alcance un gran rango de maneras de producir la vivienda y de entre ellas eligen las más convenientes para su modelo de negocio y volumen de producción.

Los productores hoy en día pueden adaptar la producción a la demanda, desde la cadena de montaje al made to order, siendo propietarios de los medios de producción o buscando una cadena eficaz de proveedores externos. Para que suceda una verdadera industrialización de la Casa no es necesario pasar por la cadena de montaje, pero si seguirá siendo necesarios procesos que optimicen tiempos, materiales y calidad, la diferencia es que hoy en día hay más medios.

En otro sentido, la casa es una elección individual, uno la quiere en tanto que se siente identificado, personalizado, en ella, con lo cual debe ofrecerse al individuo en variedad suficiente que le permita elegir. Pero al mismo tiempo debe repetirse lo suficiente para permitir una continua perfección de los procesos y mejoras continuadas que mejoren continuamente nuestra casa. Cada productor deberá encontrar su modo eficaz de crear su producto en cantidad y variedad suficiente, ya sea mediante cadena de montaje, con producción ajustada, el uso de sistemas, la producción a medida, o cualquier evolución o combinación de todos estos.

La Casa Industrializada como producto de consumo no va dirigido a toda la población, ya no tiene sentido hacer un coche para todos, menos, una casa. La Casa Industrializada permite la personalización, a través de sistemas flexibles y a través de variedad de productores que enfocan su producto para un determinado sector de la población, y de la misma manera que encontramos un coche que nos personalice, así podremos hacer con una casa.

Las innovaciones se suceden a tal velocidad que no es posible anticipar el futuro. El cambio de los modelos de producción derivados de las tecnologías de comunicación y la aplicación de las herramientas digitales están comenzando a permitir una nueva forma de distribución de los productos. Las casas ya no viajan en tren, barco o camión, lo están empezando a hacer en forma de bits, hasta centros de producción cercanos al emplazamiento definitivo donde máquinas CNC, y robots fabricarán la casa y una empresa de logística la entregará en la parcela. Puede que estemos realmente a las puertas de una cuarta revolución industrial.

Marketing y Publicidad

No hay producción sin consumo. Las viviendas no buscan solo producirse como automóviles, se venden igual y por lo tanto deben publicitarse de la misma manera. El triunfo de la industria no solo fue la creación multitudinaria de productos sino el poder darlos a conocer la público de manera masiva y que este los desease, de esto se encargó la publicidad y los medios de comunicación en masa.

La Casa deberá comunicar su existencia a través de los medios disponibles, deberá invertir en marketing, con el fin de salir al encuentro de su público. En este sentido la publicidad es una ciencia propia con sus propios profesionales que saben muy bien como comunicar y como crear este deseo, dejémosles hacer.

Solo démonos cuenta de lo siguiente: Un coche no vende las obsesiones de sus ingenieros, vende los supuestos deseos de sus compradores.

La vida útil

La casa como producto industrial no debe escapar a lo efímero ni a la moda, la casa no debe escapar a la muerte. La Casa Industrializada no busca eludir la muerte, sino que la plantea desde un inicio ofreciendo un modelo de muerte digna. Incorpora la consideración de los ciclos de vida como una alternativa a los procesos de producción tradicionales. Frente a los ciclos abiertos de extracción-manipulación-uso-residuo propios de la construcción tradicional, la Casa Industrializada establece ciclos cerrados permitiendo el paso a la extracción-manipulación-uso-reutilización.

Las lógicas del montaje funcionan a la inversa como lógicas del desmontaje. Las casas no solo están diseñadas para ser montadas, sino además, para ser desmontadas, permitiendo el reciclaje, la reutilización o reelaboración de sus elementos y componentes para nuevos usos.

Pero la Casa Industrializada no compromete su durabilidad. La historia ha demostrado que la casa industrializada es tan durable como la construida de manera convencional. La nueva Casa Industrializada debe borrar el estigma que le atribuye la opinión popular de bien perecedero. Realizar casas que conciban su fin no es convertirlas en productos desechables, no es hacer casas con fecha de caducidad, es realizar una arquitectura reversible, retornable o reutilizable.

Además el concepto de permanencia en la sociedad contemporánea es distinto a la de las generaciones anteriores. Vivimos vidas sujetas a cambios cada vez más frecuentes. El ideal de trabajo y pareja para toda la vida no existe ya y la obsolescencia de los productos determinada por los avances tecnológicos es prácticamente ubicua. Si nuestras vidas cambian con más frecuencia ¿por qué hacer casas que duren varias vidas?

La energía necesaria para actualizar una vivienda que se ha quedado desfasada en cuanto a prestaciones y aspecto es lo suficientemente elevada como para que resulte más económicamente viable hacerse una vivienda nueva. ¿Mantendrán las casas tradicionales su valor en el tiempo?

La cuestión de la calidad

Si la Casa Industrializada incumplió su promesa de bajar el precio de la vivienda, a cambio posibilitó mejorar la calidad en un mismo nivel de precio. Al igual que en lo referente a la temporalidad, la Casa Industrializada debe desprenderse de la percepción de ser un producto de baja calidad.

A principios de este milenio, la casa industrializada se ofrece como un producto de calidad, en todos los niveles, calidad de ejecución, calidad de prestaciones y calidad de diseño (entendiendo éste como una cuestión que engloba a los anteriores).

Aunque el mercado del bajo coste pueda ser un sector del mercado, la Casa Industrializada no está obligada a ocupar exclusivamente ese sector, y con toda probabilidad en el campo que mayor posibilidades tiene con competir con la construcción tradicional, sea en el mercado exclusivo de la alta gama. Entre medias quedan el resto de segmentos del mercado para que cada productor o marca encuentre su nicho.

La razón de industrializar no es abaratar, es mejorar la calidad de los productos, permitiendo la accesibilidad de más cantidad de gente a productos de mayor calidad.

SEIS PROPUESTAS
PARA ESTE MILENIO

Si queremos que la Casa Industrializada sea una realidad en este milenio, deberá venir acompañada de una serie de valores que se ofrezcan
a la sociedad y ésta los haga propios. No son unos valores impuestos,
no deben entenderse como los valores que *debe* tener la casa sin los
cuales no será una realidad, son solamente, unos valores propuestos.

Cada uno de esos valores está relacionado con una determinada lógica
referida a los aspectos globales de la casa y su producción: la lógica
del material y de los sistemas constructivos, la lógica de los procesos y
del montaje, la lógica de la máquina y la producción industrial, la lógica
formal, la lógica de la producción y la lógica del consumo.

Son valores que se han mantenido a lo largo de su historia. La Casa
Industrializada como ideal, forma un cuerpo estable de propuestas
invariable en el tiempo. Con respecto a este nuevo milenio este ideal
debe ser simplemente actualizado y adaptado a los métodos de producción y las necesidades, sueños y exigencias de la sociedad de hoy.

Estos valores propuestos son:

Levedad

Una casa que busca su ejecución material en lo ligero frente a lo
pesado y concreto del hormigón, la piedra y el ladrillo. Aplicando en
su producción componentes y estructuras ligeras, de madera, acero,
aluminio, plásticos y composites. En la que la producción de sus materiales tenga un menor impacto en el medio. Una arquitectura resultado
de aplicar la lógica de los procesos industriales de realizar más con
menos. Que tiene, en sus orígenes al aeroplano como referencia de
pensamiento leve. Y que sigue los pasos de los pioneros Fuller y Prouvé entre otros en una nueva forma de pensar la arquitectura hacia lo
leve y en este sentido recupere los sueños de volar.

Rapidez

Una casa que tiene en la rapidez de producción su ventaja competitiva,
que reduce los plazos desde la concepción a la ejecución, utilizando la
organización eficaz del trabajo y la capacidad productiva de la indus-

tria, tomando en este caso como referencia la industria del automóvil. Las casas ya no se construyen, se fabrican y se montan. Liberando al hombre de la dependencia del tiempo y permitiéndonos disponer de más tiempo para perder.

Exactitud

Una casa que utilice los elementos justos y precisos para su construcción. La exactitud entendida como la construcción de lo estrictamente necesario. Que por las lógicas del montaje requiere una precisión en la fabricación de sus componentes, pero que tiene en la precisión de la construcción un valor, posible gracias al empleo de programas CAD,[4] el uso de máquinas CNC,[5] o de procesos CAM[6] o sistemas BiM.[7]

Visibilidad

Una casa que como producto de consumo genere una imagen de marca. La forma como imagen cultural que permita a sus habitantes identificarse con ella. Una Casa que cree una nueva imagen que lave el pasado que la primera generación de prefabricación dejó tras de sí, con el rechazo de los usuarios a la monotonía gris y generalista de la producción en masa.

[4] Computer Aided Design.
[5] Computer Numerical Control.
[6] Computer Aided Manufacturing.
[7] Building Information Modeling.

Multiplicidad

Una casa que pueda ser reproducida de forma eficaz, tanto en modelos de catálogo tomando para la arquitectura el concepto del prêt-à-porter, como en la creación de sistemas que permitan la mayor diversidad aplicando una serie de patrones establecidos.

Una casa de calidad que no obedezca ya al privilegio exclusivo del modelo fuera de serie sino que a través de la serie se haga accesible a más población.

Una casa como que como objeto industrial es un producto de consumo, y como tal, su fin no es ser producida en serie, sino consumida en serie.

Una casa que se ofrezca en variedad a los consumidores para que puedan elegir dentro de esta multiplicidad existente aquella que los personalice, pero que no tenga miedo de su repetición.

Una casa que a través de los medios existentes permita ser producida independientemente de una cantidad o volumen mínimo de producción.

Consistencia[8]

Una casa que como producto de consumo no eluda su muerte, su propia obsolescencia, pero que en lugar de proponer una arquitectura desechable, cree un modelo de arquitectura retornable, cerrando los ciclos de producción frente a los ciclos abiertos tradicionales. Arquitecturas reciclables.

Una casa que utilice la industria para hacer accesible a la sociedad una vivienda de calidad en diseño, prestaciones y bajo impacto medioambiental.

---

[8] El lector avezado se habrá dado cuenta que estas propuestas corresponden a las *Seis Propuestas para el Próximo Milenio* de Italo Calvino. Italo Calvino murió sin escribir la sexta propuesta, Consistencia, que estaría dedicada a *Bartleby el escribiente* de Herman Merville, según palabras de su mujer Esther. Italo Calvino murió el 19 de septiembre de 1985 quince años antes de acabar el milenio. Esta tesis se acaba de escribir, con algo de casualidad y algo de intención, ese mismo día, pero 15 años después, de comenzar este milenio.

ALEGATO FINAL

Seguimos proponiendo una casa acorde a la tecnología de su tiempo y accesible a todos los que quieran y puedan adquirir una.

Que del mismo modo que elegimos un automóvil, podamos elegir una casa a través de diversos catálogos de nuestras marcas o arquitectos favoritos.

Que su adquisición sea rápida, rebajando los tiempos que actualmente conlleva su producción.

Que incorpore los equipamientos más avanzados en temas de confort, servicio y, por que no, ocio.

Que pueda ser actualizada.

Que implique un consumo mínimo de energía y recursos en su producción y vida útil.

Que una vez finalizada su vida pueda recircularse en la producción o ser absorbida sin agresión por el medioambiente.

Pero todo esto, sin dejar de identificarnos con ella y sin dejar de encontrar en ella nuestra forma de estar en el mundo.

Ante nosotros se presenta una segunda oportunidad: seguir realizando la casa mediante procesos altamente artesanales e ineficaces, o materializar el sueño de la Casa Industrializada de una vez por todas. Pero si tenemos claro nuestro camino quizá lleguemos a asentar los inicios de un cambio. La razón que llevó a realizar la casa a través de la industria es la misma que el resto de productos industriales, es decir, crear productos de calidad que por medio de la industria sean accesibles al mayor número de personas, utilizando la máxima de los Eames "The best for the most for the least".

Si decidimos tomar ese camino deberemos tener siempre presente las advertencias de Banham:

> El arquitecto que se propone seguir la marcha de la tecnología sabe ahora que tendrá una compañera rápida y que si desea mantenerse junto a ella sin quedar atrás deberá emular a los futuristas y dejar de lado toda su carga cultural, incluyendo las vestiduras profesionales

mediante las cuales todo el mundo lo reconoce como arquitecto. En cambio si decide no hacerlo, quizá descubra que la cultura tecnológica ha decidido seguir adelante sin él.[9]

Si, nosotros arquitectos, no queremos llevar a cabo esta tarea, otros, en algún momento lo harán. Está por ver si en este milenio, que acaba de comenzar, se realizará la implantación de este tipo de arquitectura como un hecho natural y competitivo dentro de la producción arquitectónica global o seguirá siendo una eterna propuesta de futuro.

Por que podemos tener éxito ahora después de un siglo de fallos y malestar?, que ha cambiado hoy en día? En una palabra: todo. Nada es lo mismo.[10]

Que el sueño no se haya realizado no quiere decir que deba ser abandonado, las esperanzas siguen presentes, la Casa Industrializada sigue siendo una idea de futuro, de un futuro optimista, en la que la tecnología nos permitirá una vida mejor. Apoyándonos en las palabras de Fuller, "Si esta es, o no la solución adecuada, algo parecido a esto acabará desarrollándose",[11] puede que este sea el momento en el que la idea se lleve a cabo. No empezamos de cero, a nuestras espaldas tenemos casi dos siglos de éxitos y fracasos en los que apoyarnos·

Esperando que el siglo XXI vea por fin cumplido el sueño de la Casa Industrializada. Una arquitectura de calidad y bajo impacto medioambiental, accesible a los más a través de los medios de la industria.

Una arquitectura llegará.[12]

[9] BANHAM, Reyner. *Teoria y diseño en la primera era de la máquina.* Ediciones Paidós. Barcelona. 1985. p.322.

[10] KIERAN S. y TIMBERLAKE J. *Refabricating Architecture.* Ed Mc Grahan Hill. Nueva York. 2004. p.111.

[11] Atribuida a Fuller con respecto a la casa Wichita.

[12] Alejandro de la Sota. Sentimiento sobre la prefabricación (1968). En: PUENTE, Moises (ed) *Alejandro de la Sota. Escritos, conversaciones, conferencias.* Gustavo Gili. Barcelona. 2002. p.46.

BIBLIOGRAFÍA

ÁBALOS, Iñaki. La buena vida. Visita guiada a las casas de la modernidad. Gustavo Gili. Barcelona. 2001

ÁBALOS, Iñaki. LLINAS, Josep. PUENTE, Moises. Alejandro de la Sota. Fundación Caja de Arquitectos. Barcelona. 2009.

ÁBALOS, Iñaki y HERREROS, Juan. Áreas de impunidad. Actar. Barcelona.1997

ÁGUILA, Alfonso del. Las tecnologías de la industrialización de los edificios de vivienda. Colegio Oficial de Arquitectos de Madrid. 1986-1992 Tomo 1

ANDERSON, Chris. Makers. La nueva revolución industrial. Ediciones Urano. Barcelona. 2013. Makers the new industrial revolution. Crown Busines New York. 2012.

ANDERSON M., ANDERSON P. Prefab Prototipes. Princenton Architectural Press, New York 2007.

ARIEFF, Allison. Prefab. Gibbs Smith, Publisher. Utah 2002.

BALDWIN, J. Bucky works. Buckminster Fuller's ideas for today. Wiley, Nueva York. 1996.

BANHAM, Reyner. Teoria y diseño en la primera era de la máquina. Ediciones Paidós. Barcelona 1985. 1a edición en castellano 1977. Theory and Design in the First Machine Age. The Architectural Press, Londres 1960.

BANHAM, Reyner. Los Ángeles. The Architecture of Four Ecologies. University of California Press. Berkley and Los Ángeles. 2001. primera edición 1971.

BAUDRILLARD, J. El Sistema de los Objetos. Siglo XXI. México. 1969. Le système des objets (1969) Gallimard. Paris

BAUDRILLARD, Jean. La Sociedad de Consumo. Sus mitos sus estructuras. Siglo XXI. Madrid. 2009. La société de consommation. Ses mythes, ses structures. (1970)

BAYÓN, Mariano. Vivienda en Nancy. La arquitectura del material como proceso abierto. Jean Prouvé. Arquitecturas silenciosas #4 Colegio Oficial de Arquitectos de Madrid 2001

BEECHER, Catherine E. a Treatise on Domestic Economy: For the use of Young Ladies at Home and at School. Harper Nueva York. 1849.

BEIM, A. NIELSEN,J. SÁNCHEZ VIBAEK, K. Three Ways Of Assembling A House. Ed Rikke-Julie Schaumburg-Müller. CINARK Centre for Industrialised Architecture. School of Architecture Publichers. Dinamarca. 2010.

BENDER, Richard. Una visión de la construcción industrializada. Barcelona. Ed Gustavo Gili.1976.A crack in the rear-view window. A view of industrialized Building. Nueva York 1973.

BENJAMIN, Walter. Sobre la fotografía. Ed pre-textos.Valencia España. 2004

BEMIS, Albert Farwell, y BURCHARD, John. The Evolving House. The Technology Press, Massachusets Institute of Technology, Cambridge, Massachusets. 1936.

BERGDOLL, Barry y CHRISTENSEN, Peter (Ed) Home Delivery Fabricating The Modern Dwelling. Museum of Modern Art. Ed Birkhäuser. Nueva York. 2008.

BERNARD, Paul . La construcción por componentes compatibles. Editores técnicos asociados. Barcelona. 1983.

BERNHARDT, Arthur D.. Building Tomorrow. Massachusetts Institute of Technollogy MIT. Massachusets 1980.

BLACHÈRE, Gerard. Tecnologías de la construcción industrializada. Editorial Gustavo Gili, Barcelona. 1977. Technologies de la construction industrialisée. Éditions Eyrolles, E.S.T.P., Paris 1975.

BLASER, W. ed. Light Tech. Richard Horden. Towards A Light Architecture. Birkhäuser, Berlin 1995

BRYSON, Bill. En Casa. Una breve historia de la vida privada. RBA Libros. Barcelona 2011. Título original At Home. A short history of private life, 2010

CALVINO, Italo. Seis Propuestas Para El Próximo Milenio. Editorial Siruela. Madrid.1990. Otras reediciones consultadas 1997, 1998 En la reedición de 1997 se incorpora el supuesto discurso de agradecimiento de Calvino y en la edición de 1998 Esther Calvino amplia la nota introductoria con algunas de las listas de posibles temas elaboradas por Italo y aparece como apéndice El arte de empezar y el arte de acabar.

COBBERS Arnt, JAHN Oliver. GÖSSEL Peter (Editores) Prefab Houses. Taschen. Colonia. 2010.

COLOMINA, Beatriz. Privacy and Publicity: Modern Architecture as Mass Media. Massachusetts Institute of Technology. Massachusetts.1996.

COLOMINA, Beatriz. Domesticity at War. Actar. Barcelona. 2006.

DAVIES, Colin. The Prefabricated Home. Reaktion Books. Londres. 2005.

DEANE, P La primera revolución industrial. Ediciones Península. Barcelona 1968. 1ª Edición 1965.

DEMETRIOS, Eames. An Eames Primer. Universe Publishing. Nueva York. 2013

DOUGLAS, Kner. Suburban Steel: The Magnificent Failure of the Lustron Corporation, 1945-1951. Ohio State University Press. Columbus. 2004

EAMES, Charles. ¿Que es una casa? ¿Que es el diseño? Editorial Gustavo Gili. Barcelona. 2007.

ENJOLRAS, Christian. Jean Prouvé. Les maisons de Meudon. 1949-1999. École D'architecture de Paris-Belleville. Éditions de la Villete. Paris. 2003.

ESGUEVILLAS Daniel La Casa Californiana. Experiencias domésticas de posguerra. Nobuko. Buenos Aires 2014.

FETTERS, Thomas T. The Lustron Home. The History of a Postwar Prefabricated Housing Experiment. McFarland & Company, Inc., Publishers; 2ª edición. 2006. Jefferson, North Carolina.

FORD, Henry. My life and work. Project Gutemberg ebook. 2005

FULLER. R. Buckminster. El Capitán etéreo y otros escritos. Colegio oficial de Aparejadores y Arquitectos técnicos de la región de Murcia. Colección Arquilecturas. 2003.

GALLEGO, Manuel Viviendas en Alcudia, Mallorca, 1984 Alejandro de la Sota. En: Arquitecturas Ausentes del siglo XX núm 20. Ministerio de Fomento Editorial Rueda. Madrid. 2004.

GIEDION. Sigfried. Espacio, Tiempo y Arquitectura. Editorial científico-Médica. Barcelona 1961 3ªEdición. Space, Time and Architecture. Harvard University Press. Cambridge, Mass. 1941?

GIEDION, Sigfried. La mecanización toma el mando. Gustavo Gili. Barcelona 1978. Mechanization Takes Command. A Contribution to Anonimous History. Oxford University Press, Oxford 1948.

HERBERT, Gilbert The Dream Of The Factory Made House. MIT press Cambridge Massachusetts. 1984

ISAACSON Walter. Steve Jobs. Random House Mondadori. Barcelona 2011.

JACKSON, Neil. The Modern Steel House. E& FN Spon. Champan & Hall. Londres 1996.

KELLY, Burnham. The Prefabrication of Houses. Cambridge, Mass Technology Press. 1951.

KIERAN Stephen y TIMBERLAKE James. Refabricating Architecture. Ed Mc Grahan Hill. Nueva York. 2004

LAVALOU Armelle (ed). Conversaciones con Jean Prouvé. Editorial Gustavo Gili. Barcelona 2005.

LE CORBUSIER Hacia una arquitectura. Apóstrofe. Barcelona. 1998. 1ª Edición 1977.

LE CORBUSIER El Espíritu nuevo en arquitectura. En defensa de la arquitectura. Colección de Arquilectura 7. Artes Gráficas Soler. Valencia 1983.

LE CORBUSIER El modulor. Apóstrofe. Barcelona. 2005

LEOZ, Rafael. Redes y ritmos espaciales. Blume. Madrid. 1969.

LEOZ, Rafael. Arquitectura e industrialización de la construcción. Fundación para la Investigación y promoción de la Arquitectura Social. Madrid. 1981.

LOEWY, Raymond. Industrial Design. Overlook Books. 2007. primera edición 1979.

MARTÍNEZ, C y PEMJEAM, R Alejandro De la Sota. Cuatro Agrupaciones de vivienda: Mar menor, Santander, Calle Velázquez, Alcudia. Demarcación de Toledo. COACM. Toledo. 2007.

McCOY, Esther Case Study Houses 1945-1962. Ed Hennessey and Ingalls. Santa Monica. 1977.

MUMFORD, Lewis Técnica y civilización. Alianza Editorial. Barcelona 1992

MURPHY, Diana (Ed.) The Work Of Charles And Ray Eames. A Legacy Of Invention. Library Of Congress And Vitra Design Museum.1997

ORTEGA Y GASSET, José. Meditación de la técnica. Espasa-Calpe. Madrid. 1965

PEREZ, Salvador et al. Industria y Arquitectura. Ediciones Pronaos. Madrid 1991

PLANTZNER, M. Catalogo de la exposición "Arquitecture et industrie" edit Centre g. Pompidou. Paris 1984

PRICE Cedric. The Square Book. Academy Press. 2003

PUENTE, Moises (ed) Alejandro de la Sota. Escritos, conversaciones, conferencias. Gustavo Gili. Barcelona. 2002

QUARMBY, Arthur. The plastic architect. Pall mall press. 1974

REYES. J. Miguel. Atlas de S.3. Ed. Escuela de la edificación. Madrid. 2012

RIBOT, Almudena et al. Colaboratorio: Fabricación digital y arquitecturas colaborativas. Diseño Editorial. Buenos Aires. 2014

RIFKIN, Jeremy. La Tercera revolución Industrial. Como el poder lateral está transformando la energía, la economía y el mundo. Paidós. Barcelona. 2014.

RILEY T. Ed. Light Construction. The Museum of Modern Art, New York. 1995

RYBCZYNSKI, Witold. La casa. Historia de una idea. Editorial Nerea. San Sebastián. 1989. Home A Short History of an Idea. Viking Penguin 1986.

SARRIÉS, L. Sociología Industrial. Las relaciones industriales en la sociedad postmoderna. Mira Editores. Zaragoza. 1999

SCHUMACHER E.F. Lo pequeño es hermoso. H.Blume. Madrid. 1978

ARAUJO, Ramón, SECO, Enrique. La casa en serie. Ediciones Mairea. Madrid 1986.

SMITH, Adam. La riqueza de las naciones. Alianza Editorial. Madrid. 1997

SMITH, Ryan E. Prefab Architecture. A guide to modular design and construction. Ed John Wiley and Sons. Hoboken New Jersey. 2010.

SMITH, Elizabeth A. T (Ed). Blue prints of modern living: History legacy of the Case Study Houses. MIT press, Cambrige, MA, 1998.

SMITH, Elizabeth A. T (Ed). Case Study Houses. The Complete CSH Program. Taschen. Colonia. 2002

SMITHSON, A. SMITHSON, P. Cambiando el arte de habitar. Piezas de Mies. Sueños de los Eames. Los Smithsons. Ed Gustavo Gili. Barcelona. 2001.

SORIANO, Federico Sin_Tesis. Editorial Gustavo Gili. Barcelona. 2004.

STEEL, James. Eames House. Charles and Ray Eames. Ed Phaidon Press. Londres.1994.

STAIB, G. DÖRRHÖFER, A. ROSENTHAL, M. Components and Systems. Modular Construction. Design Structure, new Technologies. Institut für internationale Architektur-Documentation GmbH & Co. KG, Birkhäuser. Munich 2008.

TERRADOS, F. Javier. Prefabricación ligera de viviendas. Nuevas premisas. Instituto Universitario de Arquitectura y Ciencias de la construcción. Universidad de Sevilla. Sevilla. 2012.

TOURAINE, A. La Sociedad Post-Industrial. Editorial Ariel. Barcelona. 1969.

TSUNG S y JUDY C. Ed The charged Void: Architecture. Alison and Peter Smithson. Ed. The Monacelli Press. Nueva York. 2001.

UEDA, Atsushi. The inner harmony of the Japanese house. Kondansha International Ltd. Japón. 1990

VIDOTO, Marco. Alison y Peter Smithson. Ed Gustavo Gili, Barcelona. 1997.

Von VEGESACK, A (Gen Ed) DUMONT, C. REICHLIN, B- (Eds) Jean Prouvé, The poetics of the technical object. Vitra Design Museum. Weil am Rhein. 2006.

VVAA. Alejandro de la Sota. Seis testimonios. Papers Coac. Barcelona 2007.

VVAA. Guía Sobre Construcción Industrializada De Viviendas Eficientes. Fundación de la Energía de la Comunidad de Madrid. Madrid. 2013.

WACHSMANN, Konrad et al. Building the wooden House. Birkhauser. Basel. 1995

WOMACK, J. JONES, D. Y ROOS, D. The Machine That Changed The World. Free Press. Ny London Toronto Sydney. 2007.